창조적 해결책으로 뛰어오르는 힘, 점핑!
점핑을 통해 대한민국 1%의 인재가 되길 바랍니다.

_____ 께

_____ 드림

점핑

문제에서 해결책으로 뛰어오르는 힘

점핑

문제에서 해결책으로
뛰어오르는 힘

장호준 · 정영훈 지음

살림Biz

전략 수립 방법론에 대한 정의와 설명은 많이 나와 있지만, 이를 익히고 체화하는 데는 실전보다 더 나은 방법이 없다. 중국 사업 철수라는 절체절명의 위기에 있는 팀의 운명을 겨우 두 달이라는 기한 내에 회생시켜야 하는 주인공 '류'가 되어 구루(Guru)의 조언을 곱씹다 보면, 어느새 비즈니스 과제를 공략하는 전략 수립의 기초적 방법을 이해하고 또 숙달할 수 있게 된다. 복잡한 비즈니스상의 문제 해결의 방법론을 찾아 고민하는 우리 구성원 모두에게 추천해주고 싶은 책이다(사실 이미 추천하고 있다).

– 윤송이 (SK텔레콤 상무)

친구의 소개로 이 책을 접하고 나는 참 즐거운 마음으로 책을 단숨에 읽어 내려갔다. 마치 잘 만들어낸 대중가요 같다고나 할까? 대중가요에서 히트곡들은 누구나 느끼는 감정을 독특하면서도 공감하기 쉽게 표현한 것들이다. 수많은 사람들이 이별을 하지만 그 감정의 정수를 꿰뚫어 누구나 자기 자신의 얘기인 것처럼 공감할 수 있는 곡을 만들어내는 것은 쉽지 않다. 그러나 이 책은 그 일을 잘해낸 것 같다. 우리가 하루하루 부딪히는 크고 작은 문제들의 정수를 꿰뚫어 분석하여, 누구나 어느 문제에나 적용할 수 있는 해결 방식을 찾아 아주 이해하기 쉬운 표현들로 다듬어냈다. 이런 내용의 책이 뻔할 거라고 생각하는 사람은 이별 노래는 언제나 뻔하다고 생각하는 것과 같은 실수를 저지르는 게 아닐까 싶다. 이 책이 여러분의 하루하루를 바꿔줄 수 있을 것이라 생각한다.

– 박진영 (JYP엔터테인먼트 이사)

이 책은 체계적으로 사업상의 문제점을 파악하고 전략적 대안을 개발하며, 그 내용을 주요 의사결정권자에게 효과적으로 전달하는 방법을 손쉽게 이해할 수 있도록 소설의 형식으로 풀어내고 있다. 이론서에서 주지 못하는 현장의 생생함과 읽는 기쁨을 얻으면서도 동시에 전략적 사고를 강화하고 싶은 분들께 추천하고 싶다.

－최정규 (스탠다드차타드 은행 그룹 전략 총괄 헤드,
前 맥킨지 한국 지사 공동 대표)

다년간 경영 전략 컨설팅을 통해, 기업의 전략 기획 담당자들을 만나고 애환을 이해하며 그들의 업무 수행에 도움이 될 입문서가 있었으면 하는 바람이 있었다. 하지만 기존의 관련 서적들은 대부분 현업과의 접목이 결여된 이론 중심이어서 책을 읽는 것이 오히려 바쁜 직장인의 생활에 주름을 지우는 것으로 끝나는 경우가 많았다.

이 책은 전략 기획 업무의 근간이 되는 '문제 해결을 위한 전략적 사고'라는 무거운 주제를 이야기 형식을 빌려 쉽고 편안하게 풀어내고 있어 많은 직장인들에게 적잖은 도움이 될 것으로 생각된다. 나아가, 문제 해결이 기업 행위뿐만 아니라 우리 일상의 모든 부문에서 기획이 어떤 형태로든 작용하고 있음을 고려할 때, 이 책은 취업을 준비하는 대학생부터 일반인에 이르기까지 삶에서 전략적 사고의 틀을 제공하고 이를 응용할 수 있는 능력을 십분 배양해줄 수 있을 것으로 믿는다. 저자들이 컨설팅과 현업을 통해 쌓은 다년간의 지식을 높은 완성도로 흥미롭게 전하고 있어 많은 분들께 강력히 일독을 권하고 싶다.

－채명식 (밸텍컨설팅 코리아 대표)

"열심히 일하는 것이 중요한 것이 아니라

잘하는 것이 중요하다."

회사에 몸담고 있는 독자라면 한 번쯤은 들어보셨을 것입니다. 한국 경제가 높은 성장을 보였던 과거에는 회사에 충성하고 열심히 일하는 것만으로 정년까지 일할 수 있었고, 일정 수준 이상의 직급으로 승진하는 것도 어렵지 않았습니다. 회사가 지속적으로 성장함으로써 자연스럽게 많은 기회가 주어졌기 때문입니다.

하지만 IMF 사태 이후 '세계가 평평해지고' 글로벌 경쟁의 격화로 인해 회사는 조직의 효율적 운영을 최우선순위로 두게 되었고, 이는 조직의 단순화, 구조조정의 일상화 등으로 나타나게 되었습니다. 이러한 흐름은 자연스럽게 '열심히' 일하는 많은 사람들이 아니라 '일을 잘하는' 소수 인원 중심의 조직 문화로 이어지고 있으며, 현재 직장생활을 하고 계신 독자들은 절실히 그 흐름을 느끼고 계시리라 생각합니다.

필자들은 세계적인 전략 컨설팅 회사에 있으면서 전략적으로 생각하는 방법을 배우고 직접 활용할 수 있는 기회를 가질 수 있었습니다. 그리고 필자들이 알고 경험한 내용들을 컨설팅 회사에 있으면서 또는 현장으로 자리를 옮기고 나서 많은 분들과 공유하게 되었으며, 필자들이 알려드린 전략적 사고법을 사용해 그분들이 의미 있는 성과를 내는 것을 지켜보면서 큰 보람을 느꼈습니다. 이러한 보람은 저희들로 하여금 더 많은 분들께 알려드릴 수 있는 방법을 고민하도록 자극했고, 결국 책으로 만들어보자는 의기투합으로 이어지게 되었습니다.

이제부터 풀어낼 이야기에는 어떠한 복잡한 문제도 해결책을 찾아 뛰어오르는 점핑(Jumping)의 고수가 등장합니다. 하지만 저희 이야기의 주인공은 고수가 아니라, 고수로부터 전략적 사고 방법을 하나 둘씩 배워가는 사람입니다. 마치 처음에는 전략적 사고가 무엇인지 모르다가 학교에서, 그리고 전략 컨설팅 회사에서 하나 하나씩 배워왔던 저희 필자들처럼, 주인공도 전략적 사고에 한 걸음 한 걸음 다가가는 모습을 보여드리고자 했습니다.

그렇다고 해서 독자 여러분께 제시해드릴 내용이 거창하거나 대단한 것은 아닙니다. 이 책에서 다루고 있는 주제에 대해서는 여러 경영서나 전략서들이 다루고 있고, 그 가운데는 그 깊이와 넓이에서 필자들이 감히 범접하지 못하는 책들 또한 존재하는 것이 사실임을 솔직하게 고백합니다. 하지만 필자들은 그러한 책들이 주고 있는 전략적 사고에 대한 가르침에 '쉽고 편안하게' 다가가는 것이 생각만큼 쉽지 않다는 것을 수 년 간의 컨설팅 경험을 통해 알게 되었습니다.

그런 까닭에, 이 책을 준비하면서 필자들이 가장 고심했던 것은 전략적 사고를 명확하게 이해하기 위한 첫걸음을 쉽게 뗄 수 있도록 하는 것이었습니다. 그 첫걸음으로 저희는 여러분께 '체계화–통찰–전달'의 흐름을 제시해드리고자 합니다. 많은 분들이 이것을 딱딱하고 어렵게 느끼는 점을 고려해서 이를 '이야기'라는 그릇에 담아 보다 쉽게 접근하실 수 있도록 쓰자는 것이 저희의 의도였습니다. 그러다 보니 간혹 쉽고 재미있는 내용

구성을 위해 논리적 엄밀성에 대한 욕심을 양보할 수밖에 없었던 경우도 있음을 이해해주시기 바랍니다.

단, 기초영어를 공부했다고 해서 영어를 마스터했다고 말할 수 없는 것처럼, 아직 갈 길이 더 남아 있음을 기억해주시기 바랍니다. 그리고 여러분께서 그 길을 걸어가시는 와중에 필자들도 더욱 성장해서, 훗날 그 길 어디엔가에서 또 여러분을 만나게 될 날이 있기를 희망합니다.

끝으로, 필자들에게 전략의 세계를 보여주신 은사님들, 그리고 필자들이 문제 해결의 길에서 길을 잃지 않고 올바로 걸어갈 수 있도록 가르침을 주셨던 선배 컨설턴트 및 전현직 직장 선배들께 깊은 감사를 드리며, 이 책의 출판에 많은 도움을 주신 살림Biz 관계자 여러분께도 감사를 드리고 싶습니다.

아울러, 주말에도 책을 쓴다는 이유로 많은 시간을 함께 하지 못했지만 항상 응원과 격려를 아끼지 않았던 가족들에게도 감사한다는 말씀으로 이 글을 마무리하고자 합니다.

2007년 11월 장호준 · 정영훈

문제 해결을 위한 창조적 도약

의사결정권자는 핵심을 듣고 싶어한다

에필로그

외전 **237**

>>>>>
프 롤 로 그

 청천벽력 아래서

"가 상무님, 갑자기 중국사무소 철수라니, 그게 무슨 말씀입니까?"

류의 날카로운 목소리가 가일의 집무실에 퍼져갔다.

"류 팀장, 자네 손으로 개척한 해외사업을 특별한 성과도 없이 직접 정리해야 하는 게 얼마나 힘든 일인지 내 모르지 않아. 하지만 사장님의 뜻이 워낙 강경하시네."

"생각해보십시오. 비록 경쟁사에 비해 실적을 내지 못한 건 사실입니다만, 최근에 현지 회사를 인수합병한 것도 있는 만큼 좀 더 시간을 주서야 하는 것 아닙니까?"

"이보게, 이 바닥에서 중국에 들어간 회사 가운데 성공한 회사가 한둘밖에 더 되나? 나머지 회사들은 모두 골머리만 앓다가 간신히 발을 빼지 않았나. 사장님은 조급하시다네. 당장 2년 안에 매출 대비 10퍼센트 수준의 영업이익률을 달성해야 한다는 회장님 엄명이 떨어진 걸 자네도 알지 않는가."

그러나 이렇게 말하는 가일의 얼굴에는 중국사업을 관할에 두고 있는 해외사업본부장으로서의 곤혹스러움이나 오랜 시간 류와 함께 일했던 시니어(Senior)로서의 미안함은 전혀 찾아볼 수 없었다. 오히려 후련함이 느껴졌다면 지나친 것일까.

류는 입술을 깨물며 혼자 속으로 뇌까렸다. '이 사람, 혹시……?'

가일은 류가 입사 초기 영업맨 시절에 모시고 일한 팀장이었다. 함께 영업 현장을 누비면서 서로 통하는 데가 있다는 것을 알게 된 뒤로는 사내에서 친형제라는 말이 떠돌 정도로 사이가 가까웠다. 그 시절 류가 본 가일은 사내에서 이미 유명했던 프레젠테이션 스킬을 비롯한 업무 역량이라든가, 친화력, 부하들을 챙기는 보스 기질까지 나무랄 데가 없는 상사였다.

그러나 가일에게는 류가 알지 못했던 단점이 하나 있었다. 그는 부하가 자신을 능가하는 것을 참지 못하는 협량(狹量)의 사내였다.

류가 해외시장 개척을 위해 신설된 해외사업본부로 자리를 옮길 때만 해도 가일은 류에게 박수를 보내고 성공을 기원했다. 하지만 류의 해외진출 기획이 연이어 성공을 거두자 가일의 얼굴에서 웃음이 사라졌다. 언제인가부터 회사 복도에서 반갑게 인사하는 류를 외면하기 시작하더니, 류가 중국사업팀장으로 승진한 뒤부터는 아예 류에 대한 험담의 발원지가 되었다. 가일이 단순히 자신을 싫어하는 정도가 아니라 회사에서 밀어내고 싶어한다는 느낌이 들면서 류도 전처럼 가일을 대할 수 없었고, 두 사람의 관계는 자연히 불편해질 수밖에 없었다. 그러나 그 정도로 끝났다면 차라리 다행스러웠는지 모른다.

가일은 2년 전 상무 승진과 동시에 해외사업본부장직에 올랐다. 가일은 똑똑했다. 중국사업팀을 직접 관장하는 입장에서 표면적으로 류를 견제하거나 부당하게 대우하지 않았다.

한동안은 평화로웠다. 그렇지만 가일은 이내 칼을 뽑아들었다. 중국사업팀의 해체를 주장하기 시작한 것이다.

지속적인 투자에도 불구하고 적자가 누적되고 있는 중국사업팀에 들어가는 돈을 다른 해외사업으로 돌리자는 것이 그가 내세운 표면상의 이유였다. 그러나 중국시장의 중요성이나 사업을 진행한 기간으로 보았을 때 적어도 아름화장품 내에서는 누구도 선뜻 수긍하기 어려웠다. 특히 가일이 류에게 품고 있는 납득하기 힘든 적대감을 알고 있는 사람들이라면 더욱 그랬다. 가일도 이를 알고 있었다. 그래서 그는 자신이 류에 비해 상대적으로 사장과 가까운 거리에 있다는 점을 활용했다. 즉 중국사업 자체적인 문제에서부터 류에 대한 인신공격에 이르기까지 서서히, 그러나 끊임없이 사장에게 주입했다. 열 번 찍어 안 넘어가는 나무 없다던가. 그 결과가 오늘의 미팅이었던 것이다.

사실 류는 중국사업을 본궤도에 올려놓는 데 골몰하다 보니 본사가 어떻게 돌아가는지 잘 몰랐다. 하지만 언제인가부터 정기보고를 위해 본사에 들어갈 때 사장에게서 전에는 느낄 수 없었던 서늘한 분위기가 감도는 것을 류도 조금씩 의식하게 되었다. 그것을 대수롭지 않게 여겼던 것이 실책이라면 실책이었을까. 중국사업을 바라보는 사장의 기조는 달라지지 않았을 것이라는 믿음, 그리고 성과로 승부하면 될 것이라는 생각은 지나치게 순진했던 것일지도 모른다. 그것도 상대가 일찍부터 사내 정치의 중요성을 강조하던 가일이었다면 더더욱……. 류의 가슴 깊은 곳에서 울분이 치밀었다.

"상무님, 솔직히 말씀해주십시오. 회장님이나 사장님의 말씀이 전부는 아니지 않습니까?"

류의 말에 가일이 잠시 흠칫했지만, 이내 평정을 되찾은 표정으로 말을 이었다.

"왜 내게 그런 말을 하는 건가? 사실 따지고 보면 모두 자네가 자초한 일 아닌가?"

이렇게 말한 가일의 얼굴에 엷은 미소가 번졌다.

"더 할 말이 없으면 이만 나가보지그래. 난 약속이 있어서……."

'그래, 당신. 바로 그거였군.'

아무 말없이 잠시 침묵을 지키던 류는 가일에게 가볍게 목
례를 하고 집무실에서 물러났다.

엘리베이터까지 이어진 복도가 유난스레 길게 느껴진다.
한 걸음 한 걸음 옮기며 한숨을 들이쉰다. 아름화장품 중국사
업팀장, 이제는 이 직책과도 이별인가. 문득 류의 머릿속에는
지난 몇 년의 세월이 스쳐갔다.

'그래, 해외진출 기획안을 처음 올린 게 8년 전 일이군. 벌
써 시간이 그렇게 흘렀나.'

돌이켜보면 정말 류에겐 행복한 시절이었다. 8년 전, 해외
사업본부 신참 시절 감히 '돈키호테가 되겠다'며 회사의 동남
아시장 진출을 역설한 기획안을 제출했다. 반쯤 포기하는 심
정으로 들이밀어본 것이지만 다행히 경영진은 류의 손을 들
어주었다. 이후 류는 동남아시장 진출의 일선에 서게 됐고,
뚜렷한 실적을 거두면서 사장의 두터운 신임을 받게 되었다.
칭찬에 무척 인색한 사장이 어느 해엔가 시무식에서 류를 직
접 거명하며 '안주하던 아름화장품을 잠에서 깨운 장본인'이

라는 찬사를 보낸 것은 한동안 사내에서 화제가 될 정도였다. 동남아시아에서 승전보가 이어지자 사장은 마침내 중국 진출을 결정했다. 국내 동종업계의 다른 회사들이 동아시아 진출을 할 때 중국을 우선 고려했던 것과는 달리 류의 회사는 중국 진출을 미뤄왔다. 생활용품을 생산하는 그룹 계열사가 10여 년 전 처참한 실패를 겪은 탓이었다. 이 때문에 회장은 중국 진출에 미온적이었지만, 사장은 아름화장품이 해외시장에서 뚜렷한 성과를 거둔 그룹 내 유일한 사례임을 내세우며 회장을 설득해 마침내 재가를 얻어냈다. 하지만 이미 중국의 화장품시장은 글로벌업체들의 각축장으로 변해버린 터였다. 벌써 몇 발은 늦은 상황이었다. 그때 사장이 필승카드로 꺼내든 것이 바로 류였다.

"자, 우리 회사의 해외사업 밑그림을 그린 사람이 바로 류 팀장 아닙니까. 이제 그 그림을 완성한다는 마음으로 임해주세요."

중국사업팀 발족식에서 사장이 결연한 표정으로 류에게 팀장 사령장을 건네주던 장면이 떠오른다. 벅차오르는 마음으로 사령장을 받아든 류의 손을 굳게 잡으며 사장이 했던 말은 아직도 귓가에 생생하다.

"알겠죠? 화룡점정(火龍點睛)입니다."

'화룡점정' 네 글자를 가슴에 새기고 중국사업팀장이라는, 나이나 연차로 보아 파격적인 직함을 달고 중국시장에 뛰어든 지도 벌써 5년이 지났다. 처음에는 강력한 브랜드 파워를 앞세운 글로벌회사들의 틈바구니에서 고전을 거듭했다. 활로 찾기에 고심하던 류와 동료들은 3년 전 중견 로컬업체 인수를 단행했고, 이젠 시장에서의 발판을 마련했다는 자평을 할 수 있을 정도의 입지를 다져놓았다. 오히려 다른 국내업체들이 하나둘씩 나가떨어지는 현실을 보며 '이제 남은 것은 우리뿐이다. 우리가 대한민국 화장품 대표선수다'라는 알 수 없는 사명감이 샘솟는 것을 느끼곤 했다.

그런데 류를 휘감고 있던 사명감은 혼자만의 자족감이었던 것인가. 결국 사장은 류라는 카드를 버리고 마는 것인가. 사장은 국내 화장품업계에서는 전설적인 존재였다. 정치 싸움에 휘둘릴 정도로 벌써 판단력이 흐려질 리는 없을 텐데. 그런 사람도 세월 앞에서는 견딜 재간이 없는 것일까? 이유야 어찌됐든 류는 중국사업 실패의 장본인이다. 사장은 이 바닥에서 '단칼'이라는 별명으로 불리는, 맺고 끊는 것이 매섭게 확실한 사람이다. 평소 스타일대로라면 이제 류를 기다리고 있는 것은 십중팔구 대기발령일 것이다. 그런 생각에 이르니, 부아가 치밀어 올랐다.

　"대기발령? 웃기지 말라 그래. 차라리 내 발로 깨끗이 나가고 말지⋯⋯."

　그때였다. 귀에 익은 목소리가 류의 귓전을 때린 것은.

　"이보게, 류 팀장. 그게 무슨 소린가?"

　이게 누군가. 공자님 전무였다. 류가 해외사업에 발을 디딘 이래, 가까이에서 혹은 멀리에서 항상 류를 따스한 시선으로 지켜보아 주셨던 분⋯⋯. 공 전무는 이번에도 류의 마음이 어지러울 때 류를 부르고 있다.

　"전무님⋯⋯."

　걸음을 멈춘 류에게 다가온 공 전무는 류의 어깨를 두드리며 말했다.

"류 팀장, 아직은 아냐. 자네에겐 2개월의 시간이 남아 있다네."

공 전무의 말에 따르면, 사장은 중국사업팀 철수 결정을 내리면서 류에게 대기발령 조치를 내렸다고 한다. 하지만 가일을 제외한 대부분의 임원들은 그동안 류가 해외사업에서 쌓은 성과를 고려할 때 지나치게 가혹한 조치라며 일제히 반대했다고 한다. 회의장에는 약간의 고성이 오가기까지 했고, 결국 사장은 류에게 2개월의 시간을 주기로 했다. 그러고는 2개월 후에 중국사업의 턴어라운드(Turnaround)에 관한 계획서를 제출하고, 임원급 회의에서 보고할 것을 지시하고서 논쟁을 봉합했다는 것이다.

"전무님, 그렇지만 2개월은……, 그 일을 하기에는 너무 빠듯한 시간이 아닙니까?"
"난 자넬 믿네. 그리고 사장님이 2개월의 시간을 주신 것은 그저 형식적인 것이 아니라고 보네. 심각한 상황이지만, 왜 지금 철수하는 것이 부당하고, 어떻게 중국사업을 추진해야 회복이 가능할지 사장님을 설득해주게. 이대로 주저앉지 말게나. 그리고……."

공 전무는 말을 잠시 끊고 주위를 둘러보았다. 두 사람이 서 있는 복도 끝 주위에는 아무도 없었다. 그러더니 명함 한 장을 건넸다.

"…… 내가 자네에게 도움을 줄 수 있는 사람을 하나 소개해주지. 그 사람도 마침 중국에 있으니까 돌아가는 대로 한번 만나보게. 내 미리 연락을 넣어둠세."

🌼 마지막 기회

무지개다. 끝없이 펼쳐진 구름 위로 무지개가 솟아 있다. 장관이다. 누가 그랬던가. 하늘에서 무지개를 보기가 지상에서 쌍무지개를 보는 것보다 어렵다고. 그렇기 때문에 하늘에서 무지개를 보면 행운이 찾아온다고.

'그러나 과연 내게 행운이 찾아올 수 있을까?'

상하이를 향하고 있는 비행기에서 말없이 창밖을 내다보던 류는 문득 긴 한숨을 내쉬었다. 어젯밤 본사로부터 갑작스런 호출을 받고 부랴부랴 새벽 비행기로 귀국해서 가일과 공 전무를 만나 이야기를 나눈 지 네 시간밖에 지나지 않았다. 하지만 류로서는 미팅에서 나눈 이야기들이 아득히 먼 저편의 기억처럼 느껴진다. 아니, 아마 그렇게 생각하고 싶은 거겠지.

그래, 공 전무 말대로 한숨 돌린 건 맞다. 하지만 2개월 동안 자신이 할 수 있는 일은 그리 많지 않아 보였다.

'내가 무슨 천재도 아니고, 대체 두 달만에 사장을 설득할 획기적인 보고자료를 만든다는 게 말이 되는 얘긴가……'

문득 회사에서 자신을 내보내기 위해 일종의 모양새를 갖추는 게 아닌가 하는 생각까지 들었다. 가일도 공 전무도 모두 한통속인지도 모른다. 류는 분노인지 암담함인지 알 수 없는 울컥한 마음을 가까스로 다스리며 심호흡을 내쉬었다. 짜고 치는 고스톱판이라 할지라도, 어쨌든 주어진 2개월을 활용하는 것 외에는 달리 방법이 없었다. 냉정을 잃지 말자. 스스로를 다독이는 가운데 류를 태운 비행기는 서서히 푸둥(浦東) 공항에 착륙하고 있었다.

> > >

상하이의 아름화장품 중국사업팀 사무실에 들어선 류를 맞이하는 직원들의 모습은 전에 없이 무겁고 긴장한 표정이었다. 주말을 앞둔 금요일인 데다 퇴근 시간이 지났는데도 모두들 사무실에 남아 있는 것은 이미 오늘 낮 서울에서 있었던 일에 대해 전해 들었다는 뜻이리라.

"팀장님, 정말 우리팀이 철수해야 하는 건가요?"

알아서가 떨리는 목소리로 말했다. 신입사원 티를 채 벗기도 전에 중국으로 날아온 지 벌써 2년이지만, 역시 나이가 어려서인지 심리적으로 가장 많이 동요하고 있는 듯했다.

'이봐 류, 리더는 언제나 밝은 표정이어야 해!'

류는 애써 미소를 지었다.

"알 대리, 너무 걱정 말아요. 자, 다들 내게 뭔가 듣고 싶은 얘기가 있는 거죠? 그럼, 저녁은 조금 늦게 먹는 걸로 하고 잠깐 미팅을 좀 합시다."

회의실 탁자에 직원들이 모여들었다. 류는 화이트보드 앞에 서서 직원들의 얼굴을 하나씩 바라보았다.

■ 신중해 차장 : 영업팀 시절부터 오랫동안 류와 고락을 함께해왔고, 말 그대로 돌다리도 두드리며 건너는 친구.

■ 무대포 과장 : 타 회사 중국 법인에 몸담고 있다가 이곳 중국 사업이 시작될 무렵 합류함. 거친 맛은 있지만 추진력이 뛰어나서 그간 중국 시장 개척에 일등공신이었던 친구.

■ 기획통 과장 : 중국사업 팀의 홍일점이자 아이디어맨. 아직 미숙한 느낌이 있어도 때로는 류 자신마저 부담스러울 만큼 날카로운 기획력을 보여주는, 팀의 보배 같은 친구.

■ 알아서 대리 : 선배들의 가르침과 꾸짖음을 스펀지처럼 빨아들여 자기 것으로 척척 소화해내는, 앞날이 유망한 친구.

모두 쉼 없이 낯선 땅에서 정말 열심히 뛰어온 사람들이다. 그만큼 자부심들이 대단했고, 그렇기에 실패자라는 낙인이 찍혀 본사로 귀임해야 하는 처지를 반길 사람은 아무도 없었다. 이처럼 속마음은 천근만근이지만 어찌됐든 이들을 위해서라도 벌써부터 패배자처럼 굴어서는 안 될 것 같았다. 결심한 듯 류가 말문을 열었다.

"여러분도 아시다시피, 우리는 지금 매우 어려운 상황에 빠져 있습니다. 팀이 해체되어 지난 시간의 피땀이 모두 수포로 돌아가고 모두 본사로 귀임해야 할지도 모르는 상황입니다."

류의 말에 모두들 침통한 표정으로 고개를 떨구었다.

"저는 언제 어디서나, 누구한테든지 여러분들이 우리 회사의 핵심인재들이라고 내세울 수 있습니다. 그 말을 뒤집어보면 여러분들은 팀이 사라진다 해도 이곳 중국에서, 또는 서울에서 새로운 길을 개척하는 데 부족함이 없다는 뜻이기도 합니다."

갑자기 술렁이기 시작한다. 기획통이 외쳤다.

"팀장님, 그럼 이대로 포기하시는 겁니까?"

류의 표정이 일순 굳어졌다. 포기? 포기라……. 그래, 포기하고 싶기도 하다. 선비는 자신을 알아주는 사람을 위해 목숨을 버린다고 했다. 사장이 더는 자신의 능력을 알아주지 않는데 굳이 남아 있을 이유가 있는 것일까.

그래도 냉정을 잃지 말자. 떠날 때 띠나너라도 주어진 여건은 활용해야 한다. 그러다 보면 반전의 기회가 찾아올 수도 있는 것이다. 류는 목청을 높였다.

"기 과장, 그렇지 않아요. 나는 이 중국사업팀을 여러분들과 함께 이끌어온 책임자입니다. 내가 이런 말을 하기엔 겸연쩍지만 어떤 경우에도 리더는 포기하지 않습니다."

모든 시선이 류에게로 모아졌다. 조용해진 팀원들을 바라보며 류가 말을 이었다.

"불행 중 다행인 것은 우리에게 2개월의 시간이 주어졌다는 것입니다. 이 시간 안에 중국사업팀이 우리 회사에 반드시 필요한 조직임을 본사에 납득시켜야 하겠죠."

팀원들의 눈이 반짝였다.

"본사에서 그러한 결정을 내리게 된 이유는 물론 실적 부진때문입니다. 사실 아직까지 우리 중국사업팀에서 실적이라고할 만한 성과를 내지 못하고 있습니다. 그렇지만 실적은 어디까지나 지난 일을 보여주는 수치 아니겠습니까? 우리 팀원들은 숫자 너머에 무엇이 있는지 잘 알고 있고, 그렇기에 어려운 여건에서도 웃으면서 열심히 일해왔던 게 아닙니까?"

말을 거듭할수록 류는 마음 깊은 곳에서 알 수 없는 자신감이 솟아남을 느꼈다.

"우리가 이 중국 현장에서 보고 있는 가능성, 희망을 다른 사람들에게도 보여주면 된다고 생각합니다. 어떻습니까, 여러분? 함께해보지 않겠어요?"

잠시 정적이 감도는 가운데, 신중해의 목소리가 들려왔다.

"팀장님을 믿고 한번 해보겠습니다. 저도 사실 이대로 맥없이 물러나고 싶지는 않습니다."

신중해의 말에 다른 사람들도 동조하기 시작했다.

"맞습니다. 어차피 이판사판 합이 육판 아니겠어요?"

막내인 알아서가 던진 농담에 모두가 와자하게 웃었다.

"자, 그럼 주말은 가족과 함께 지내고 월요일부터 우리가 할 일에 대해 본격적으로 논의해봅시다."

류는 약간은 밝아진 표정으로 사무실을 나서는 팀원들의 뒷모습을 물끄러미 바라보았다. 사실 가족의 화목이 가장 중요하다는 것은 류의 오랜 소신이기에, 류는 어떤 경우에도 가급적 팀원들이 일과 생활의 균형을 유지하도록 배려하는 편이었다. 하지만 이번엔 꼭 ㄱ 때문만은 아니었다. 이 위기를 어떻게 극복해가야 할지, 팀장인 류가 먼저 그림을 그려두어야 할 시간이 필요하기도 했으니까. 사무실에 홀로 남겨진 류는 창밖을 응시하기 시작했다.

자, 이제 어떻게 한다? 어떻게든 팀을 추슬러 끌고가야 하겠기에 팀원들 앞에서 큰소리를 치긴 했지만, 사실 류에게 뾰족한 수가 있는 것도 아니다. 순간 막막함이 류를 엄습했다. 창밖으로 상하이의 저녁 하늘이 붉게 물들어가고 있다. 류의 사무실에도 어둠이 밀려들었다.

> > >

어둠은 류의 아파트에도 가득했다.

"이 사람이 집에 없나?"

현관을 들어서며 불을 켜자 류는 소스라치게 놀랐다. 아내가 거실 소파에 앉아 눈길도 주지 않는다.

"여보, 왜 그러고 있어? 깜짝 놀랐잖아."

무표정한 아내는 아무 말도 하지 않았다. 저 사람이 왜 저러지……. 무심히 침실로 들어가 옷을 갈아입으려던 류에게 불현듯 무언가가 떠올랐다.

'아차, 장인을 뵙고 오는 것을 잊었구나.'

오늘은 류의 장인이 화갑(華甲)기념 논문집을 헌정받는 날이었다. 장인은 국내 명문대학의 법대 학장을 지냈고, 손꼽히는 헌법학자 중 한 명이다. 마침 갑작스럽게 서울 출장이 잡힌 어제, 아내는 류에게 꼭 행사장에 가서 인사를 드리라고 신신당부했었다. 그러나 류는 가일과의 일로 인해 장인의 행사를 까맣게 잊었던 것이다. 류는 황급히 거실로 뛰어나왔다.

"여보, 미안해. 일이 급박해서 찾아뵙질 못했어."

아내는 여전히 무표정한 얼굴이었다.

"생각은 하고 있었는데…… 회사에 워낙 중요한 일이 있어서……."

아내가 자리에서 일어서며 류의 말을 가로막았다.

"됐어요. 원래 당신은 처가 식구들한테는 무관심하잖아. 하긴, 나한테도 무심한데 우리 가족들한테까지 신경을 쓰라고 하는 게 무리지."

아내는 찬바람을 일으키며 침실 문을 쾅 닫고 들어갔고 류는 혼자 거실에 우두커니 남겨졌다. 물론 오늘 회사 일은 류에게 충격적이었다. 하지만 그 못지않게 장인의 일도 챙겼어야 했다. 원래 처가 일에 무관심하다는 얘기는 듣기 억울한 감이 있지만, 최소한 장인께 전화라도 드렸어야 했다.

아내에게 무심하다는 말도 류의 가슴을 아프게 찔렀다. 아내는 류가 중국에 부임할 때 잘 다니던 직장을 미련없이 그만두고 류를 따라나섰다. 부부가 따로 떨어져 있으면 안 된다는 게 아내의 확고한 생각이었다. 살면서 아내에게 고마웠던 일이 많았지만 그때만큼 고마웠던 적은 없었다. 그러나 막상 아내가 중국에서 어떻게 시간을 보낼 것인지에 대해서는 심각하게 생각해보지 못했다. 자기 앞길은 알아서 잘 챙기는 사람이니 중국에서의 생활도 헛되지 않게 보낼 궁리를 해놓았겠지, 하면서 막연히 아내만을 믿었다. 그렇게 믿는 게 편했으니까.

사실 회사 일로 늦는 것을 훈장이라고 생각하기까지 했다. 중국시장에서의 성공과 그에 따른 승진, 보상이 아내에게 줄 수 있는 가장 큰 선물이라고 믿고 싶었다. 언젠가부터 아내가 말수가 적어지는 것도 대수롭지 않게 여겼다. 직감적으로 문제가 생겼다는 걸 느끼고 있었지만, 중국에 머물고 있는 한 해결이 쉽지 않은 문제라는 것 또한 잘 알고 있었다. 그게 아마 6개월 전쯤이지…….

"난 뭐지? 당신한테 내가 뭐냐구!"

평소 같지 않게 아내의 침묵이 유독 길었던 어느 날, 아내가 류에게 정색을 하며 물었다. 사실 그랬다. 아내 입장에서는 '모든 것'을 희생하고 남편을 따라 중국에까지 왔는데, 류가 중국에서 아내를 위해 해준 것은 별로 없었다. 어쩌다가 주말을 함께 보내고, 짧은 휴가 때 여행을 다닌 것뿐……. 몇 달 전 아는 사람의 주선으로 아내에게 번역 일을 소개해준 뒤로 아내의 얼굴에는 다소 생기가 돌기 시작했다.

하지만 그것도 잠시, 최근 들어 회사 일이 갑자기 분주해지면서 아내가 몸이 아파 누워 있어도 미처 챙기지를 못했다. 그것도 아내에겐 불만으로 남아 있었겠지. 거기에 장인 일까지 겹쳤으니, 아마 불에 기름을 부은 격인지도 모르겠다. 고개를 들어 창밖을 바라보니 빗방울이 떨어지고 있었다. 창문을 후둑후둑 때리는 빗방울이 마치 류의 가슴을 때리는 듯했다.

> > >

류는 홀로 남겨진 거실에서 맥주 한 모금을 들이켰다. 살며시 취기가 오른다. 그냥 만사 제쳐놓고 술이나 마셔볼까 했지만 그건 아니다, 라는 생각이 든다. 류는 평정을 찾으려고 애

썼다. 그래, 하나씩 차근차근 풀어가자. 단단히 토라진 아내와는 일단 오늘 저녁에는 말을 섞기도 어려울 것이다. 문득 공 전무가 만나보라고 한 사람이 궁금해진다. 도대체 누구일까?

구루 Guru. 특정 업무 분야에 대해 최고 수준의 지식을 가지고 있는 전문가 로 삼을 만한 사람이라고 했지만 사실 류로서는 반신반의할 수밖에 없다. 한편으로는 지금 상황에서 구루를 만나보라고 소개하는 공 전무가 어이없게 느껴지기도 한다. 아니, 대학 갈 실력이 안 되는 학생이 잠깐 족집게 과외를 받는다고 해서 일류대학에 갈 수 있는가? 그렇게 믿을 만한 사람이면 진작 소개해주었다면 좋지 않았는가? 그러나 다른 한편으로는 그가 어떤 사람인지 보고 싶다는 강한 호기심이 일었다. 이제 와서 달리 할 것도 없지 않나. 지푸라기라도 잡아야지……. 류는 전화기를 집어들고 공 전무가 건네준 명함의 전화번호를 누르기 시작했다.

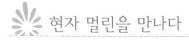 현자 멀린을 만나다

"야, 넌 그럼 날 지푸라기로밖에 생각하지 않았단 얘기야?"

"아이참, 선배, 그런 게 아니라니까요."

류는 어쩔 줄 몰라 하고 있었다. 이게 웬 즐거운 당혹스러움이란 말인가. 공 전무가 소개해준 구루가 바로 류와 대학시절 제일 친하게 지냈던 선배라니. 어제 류는 공 전무로부터 건네받은 명함의 번호로 전화를 걸었다.

"안녕하십니까……."

간단히 인사를 주고받은 뒤 만날 시간과 장소를 정하려는데, 뭔가 느낌이 이상했다. 아쉬울 것 없을 상대편이 더 적극적이었다.

"근처에 스타벅스가 있죠? 제가 내일 오후에 그리로 가서 전화를 하죠. 이왕 만날 것 속전속결로 하는 게 어때요?"

이 사람, 왜 이러는 걸까? 류가 품었던 의문은 그를 대면하는 순간 바로 풀렸다. 알고 보면 세상 참 좁다 하더니 정말 그랬다. 선배는 공 전무를 통해서 이미 자신이 만날 사람이 류라는 사실을 알고 있었다.

"언제부터 영어 이름을 썼어요? 전무님이 주신 명함에는 이름이 제이크 민(Jake Min)으로 되어 있어서 선배일 줄은 꿈에도 몰랐어요."

"하하, 내가 어렸을 때 잠깐 외국에서 살았잖니. 그때 쓰던 이름이야. 학교 졸업하고도 주로 외국에서 생활을 했고. 왜, '민 멀린'이라고 했으면 바로 알아봤을까 봐 그래?"

멀린(Merlin)……, 맞다. 대학시절 그에게는 '멀린 선배'라는 별명이 있었다. 『아서 왕 이야기』에서 아서 왕의 충직한 참모로 종횡무진 현란한 마법을 선보였던 현자(賢者) 멀린처럼, 교수님의 난해한 과제도, 후배들의 어려운 고민도 척척 해결해서 '현자 멀린'이라 불리던 사람이 그였다.

"그러면서 왜 전화 통화할 때는 모르는 척했어요?"

"네가 내 목소리를 바로 못 알아채길래 섭섭해서 장난 좀 쳐봤다, 하하. 사실 졸업한 뒤에도 종종 네 생각이 났는데. 어떻게 지내는지 궁금하기도 했고……."

멀린 선배가 졸업한 뒤 외국으로 떠난 다음에는 한 번도 만날 기회가 없었기 때문에 류는 선배가 어떻게 지내왔는지 자세한 것은 알지 못했다. 다만 그가 꽤 유명한 사람이 되었다는 것, 수백억대의 자산가라는 이야기 등을 풍문처럼 전해 들었다. 순전히 해외에서 활동했지만 국내에도 그 이름이 꽤 알려져 있었고, 언론에도 몇 차례 소개가 된 듯했다. 세계 최고로 이름난 컨설팅 회사에서 최연소 파트너로 승진하기도 했고, 망해가는 벤처기업에 뛰어들어 굴지의 소프트웨어 회사로 회생시킨 적도 있다고 했다. 그러다가 홀연히 '잘 나가던' 커리어를 뒤로 접고, 이름도 생소한 '소셜벤처캐피탈리스트(Social Venture Capitalist)'를 자처하며 세계를 누비고 있다고 멀린 선배는 자신의 근황을 털어놓았다. 선배의 화려한 이력을 들으면서도 류는 사실 별로 놀라지는 않았다. '현자 멀린'이 어디 가겠는가?

"그나저나 정말 반갑다. 졸업한 뒤로도 널 한번 꼭 보고 싶었는데, 이렇게 만나게 됐네."

그렇게 일찍부터 뛰어났던 멀린 선배는 학창시절 별로 눈에 띄지 않는 지극히 평범한 류에게 이상하리만치 친근히 대했고, 잘 챙겨주었다. 류로서도 그렇게 멋진 선배가 잘해주는 것이 싫지 않았다. 대학시절 강의실과 잔디밭과 호프집을 돌며 참으로 많은 이야기를 나누던 막역한 사이였는데, 지금의 멀린 선배는 다른 세상, 아니, 너무 높은 곳에 있는 사람으로 느껴지기까지 했다. 그런데 학교 졸업한 지도 십수 년이 훌쩍 지난 지금, 그 잘나가는 사람이 날 만나고 싶어하고, 또 이렇게 반가워하다니. 안 그래도 회사 일로 참담했던 기분이었는데 생각하지도 못했던 반가운 마음이 뒤섞이니 류의 눈가에 난데없이 눈물이 핑 돌았다.

"나 만난 게 그렇게 반가워서 눈물까지 흘려? 야, 이거 몸 둘 바를 모르겠다, 하하."

"아이참, 선배도. 넉살은 여전하시네."

예전 기억 속의 모습과 별로 달라진 것 없이 너무나 자연스러운 분위기를 풍기는 선배를 잠시 바라보다가 류는 새삼 놀랐다. 이 사람이 스톡옵션으로 수백억을 벌어들인 사람이 맞을까 싶을 정도로 멀린 선배는 예전 학교시절과 다름없는 수수한 옷차림에다 단아하면서도 소박한 인상을 간직하고 있었다. 약간의 주름살을 빼고는 원래 나이를 믿을 수 없을 만큼 젊어 보이는 얼굴까지.

"선배는 예전하고 얼굴이 똑같네요. 나이 안 먹는 비결이라도 있는 건가?"

"비결?" 선배는 그런 게 뭐가 있겠냐는 표정을 짓다가 한마디 던졌다.

"너처럼 오랜만에 만난 사람들로부터는 그런 소리를 가끔 듣곤 하는데……. 비결이라기보단 아마 내가 하고 싶은 일을 하며 살고 있기 때문이 아닐까?"

"마음이 편하다는 얘기군요."

"그렇지. 그러니까 별다른 운동도 안 하고 보톡스를 안 맞아도 얼굴이 좋아보이는 것 아닐까? 하하."

"하고 싶은 일을 하며 산다……. 맞아요, 선배. 그게 모든 사람들의 로망이죠. 하지만 참 실현하기 어려운 건데. 그리고 대부분 자기가 하고 싶은 일이 뭔지도 잘 모르잖아요. 그런 거 보면 선배는 참 복도 많아요, 그렇죠?"

멀린 선배가 살짝 얼굴을 붉힌다. 이 사람, 아이 같은 것도 달라지지 않았다. 부모님 이야기, 가족 이야기, 이런저런 근황을 가볍게 주고받다가 문득 생각난 듯 류가 질문을 던졌다.

"선배, 그런데 그 소셜벤처캐피탈리스트는 뭐예요? 얼핏 자선사업 비슷한 거라고 들은 것도 같고."

"너 정말 그동안 내 소식을 전혀 몰랐구나? 아니 관심이 아예 없었던 거 아니야? 그거 신문에 나올 때마다 주석이 다 달렸던 건데."

"에이, 선배인 줄 몰랐다니까요. 혹시라도 '민 멀린'이라는 이름으로 인터뷰를 했으면 대번에 알아봤겠죠. 그건 선배 잘못이라고요."

"이 친구, 여전하구만." 멀린 선배는 파안대소했다.

선배의 설명에 따르면 소셜벤처캐피탈리스트는 자선사업가와 비슷하지만, 밑 빠진 독에 물 붓는 식으로 돈이 필요한 어려운 사람을 죄다 돕는 것이 아니라 자립할 의지와 가능성이 있는 사업 아이템에 대해서 초기에 한해 지원하는 일종의 투자전문가라고 했다. 다만 보통의 벤처캐피탈리스트와 다른 것은 수익 가능성보다 사업의 사회적 의미를 더 중요하게 여긴다는 점이란다. 다시 말해 사회적으로 의미 있는 사업에 대해 초기에 사업 노하우와 자금을 지원하며, 자립 역량이나 지속가능성이 자금 지원의 가장 중요한 기준이라고 했다. 처음에는 남미에서 활동하다가 현지의 정치적 상황이 비우호적으로 변해가면서 중앙아시아로 무대를 옮겼다고 했다.

"시작한 지 몇 년 되지 않아서 아직 성공한 케이스가 별로 없지만, 최근엔 우즈베키스탄에서 좋은 사례를 만들어냈어.

지금은 중국 서부지역에 관심을 기울이고 있지."

멀린 선배가 잠시 말을 끊고 류를 살피듯 바라보더니 다시 말을 이었다.

"그건 그렇고, 공 전무님이 널 좀 잘 부탁한다는 얘길 하셨는데, 그게 도대체 무슨 소리야?"

류는 잠시 머뭇거렸다. 오랜만에 만난 멀린 선배에게 모든 걸 홀홀 털어놓고, 그에게서 해결책을 얻고 싶은 마음이 간절했다. 하지만 한편으로는 안 그래도 멀린 선배 앞에서 작아지는 느낌인데 지금 처한 위기 상황을 이야기하면 자신이 더 초라해질 것 같았다.

류의 침묵이 계속되자 멀린 선배가 몸을 앞으로 당기며 말했다.

"괜찮으니까 말해보라고. 내가 그래도 옛날부터 '현자 멀린'이란 별명을 갖고 있었던 사람인데, 오랜만에 만난 아끼던 후배가 곤경에 빠졌다면 뭐라도 도와줘야 하지 않겠니?"

멀린 선배의 말 가운데 유독 '아끼던'이란 표현이 류의 마음을 파고들었다. 그렇지, 선배는 예전부터 주위 친구들이 부러워할 만큼 나를 아껴줬던 사람이었다. 잠시 고개를 들었던 자존심이 그 말에 눈 녹듯 사라졌다. 류는 결심한 듯 어제 있었던 본사의 결정부터 지난 수년 간의 일들을 선배에게 털어놓기 시작했다.

1부 >>>>>

체계화 : 문제 속 본질에
집중하기

멀린의 첫 번째 마법

"선배, 제 이야기는 여기까지예요. 그런데, 저한테 수다본
능이 아직 살아 있다는 게 놀랍네요."

"넌 늘 말을 재미있게 했었는데, 지금도 여전하네."

류는 십수 년 전으로 돌아간 것처럼 멀린 선배에게 가일과
의 관계를 비롯해서 지난 몇 년간의 일들을 쉴새없이 재잘거
렸고, 멀린 선배는 한 마디 한 마디를 예전처럼 주의 깊게 들
었다. 멀린 선배는 원래 이야기를 참 잘 들어주는 사람이었는
데, 지금도 여전히 그랬다. 게다가 자신이 경청할 수 있었던

것은 이야기를 재미있게 풀어내는 류의 재주 때문이라며, 은근히 공을 류에게로 돌렸다. 그리고 보니 무심히 지나칠 말 한마디에 상대방에 대한 배려와 흡인력이 배어 있었다. 말을 마치고 나니 홀가분했다. 오랜만에 얼굴을 보게 된 반가움이 더해져 선배에게 자신의 어려움을 쉽사리 털어놓을 수 있었기 때문이리라. 하지만 곧 왠지 모를 부끄러움과 참담함으로 가슴 한구석이 싸해졌다.

류는 스타벅스 컵을 들고 커피를 한 모금 마셨다. 거리에 맥도날드 간판이 보이면 국제도시라고 불리던 시절이 있었다. 이제 그 맥도날드의 자리에 들어앉았다는 스타벅스. 한때 중국에서는 노트북을 메고 스타벅스 커피를 손에 들고서 거리를 걸으면 사람들이 모여들어 '구경한' 일이 있었다고 했다. 물론 그것도, 더구나 상하이에서는, 한참이나 지난 얘기다.

세상은 그렇게 달라지기 마련이다. 세상이 달라지듯 세상의 인심도 달라지기 마련일 것이다. 하지만 사장의 달라진 태도는 억울하기까지하다. 그동안 자신을 향한 사장의 신임은 그저 사탕발림이었을 뿐인가……

"그래, 두 달이면 긴 시간은 아니지. 하지만 시쳇말로 '빡가는' 보고자료를 만들기에 부족한 시간은 아니라고 봐."

멀린 선배는 예전처럼 류에게 도움을 주려 애쓰는 자상한 선배의 모습으로 돌아가 있었다.

"뭐, 날밤 열심히 새면 안 될 것도 없겠지만, 설령 그렇다 해도 뭐 달라질 게 있을까요?"

"참 녀석도, 왜 그렇게 비관적이야? 내 말은, 지금 네가 갖고 있는 것, 너희 팀이 알고 있는 것으로도 거의 반 이상은 준비가 되어 있다는 거야. 당연히 날마다 밤샐 필요도 없지."

"정말 그럴까요. 선배, 혹시 옛날처럼 현자 멀린의 마법이라도 부리려는 거유? 그래도 이번만큼은 쉽지 않을 거예요. 내 얘기를 들어서 아시잖아요. 정치적인 노림수도 같이 꼬여 있는 판국이고……."

"그렇다고 포기할 필요는 없지. 너만 처다보고 있다는 네 부하직원들은 어쩌고? 이제부터 내가 얘기해주는 대로 한번 부딪쳐나 보라고."

멀린 선배는 헛기침을 몇 번 하더니 이야기를 시작했다.

"자, 아주 기초적인 것부터 시작해보자고. 네 앞에 닥친 모든 문제를 풀어가는 첫걸음은 어떤 결론을 내리기 전에 가능한 가설들을 빠짐없이 모두 검토할 수 있도록 체계화하는 거야."

"예를 들면 어떻게 하라는 거죠?"

"너 이슈트리(Issue Tree)라는 말은 들어봤지?"

"알죠. 핵심 질문(Key Question)을 하나 적어놓고 거기서부터 여러 이슈들을 쭉 펼치는 거죠? 예전에 기획 일을 할 때 프레젠테이션 자료를 만들면서 종종 써먹어봤어요."

"그래, 맞아. 여러 가설이나, 개념, 이슈들을 나무가 가지를 치듯이 상위에서 하위로 펼쳐나가는 거지." 멀린 선배가 고개를 끄덕였다.

"그럼 혹시 미시(MECE)라는 말은 들어봤니?"

"미시족이라는 말은 들어보긴 했는데, 같은 의미의 미시는 아닌 것 같고……." 류의 농담에 두 사람은 모두 크게 웃었다.

"사실 컨설팅 회사 같은 곳에서 많이 쓰는 용어라고 어디서 읽어본 듯한데 정확히 기억이 안 나네요."

"그래, 너도 혹시 현업을 잘 모르는 사람들이 책상머리에 앉아서 쓸데없는 서류작업을 만들어낸 거라고 생각할지 모르겠다."

"사실 그런 생각이 없잖아 있어요. 선배 같은 사람들이 이런 쓸데없는 걸 퍼뜨려서 보고서 하나 만드는 데도 불필요하게 시간이 오래 걸린다고⋯⋯. 하하, 선배, 미안."

"너 무안하면 머리 긁는 버릇도 여전하구나?"

류가 미소를 지으며 머리를 긁적이자 멀린 선배가 빙긋 웃으며 말했다.

"괜찮아. 사실 그게 현장의 목소리인 줄 안다. 하지만 내 생각엔 그 개념을 제대로 활용하지 못해서 생긴 오해 같거든. 하나하나 정확히 이해하면 나름대로 쓸 만한 것들인데. 어쨌든, 'MECE하다'라는 것은 같은 단계에 있는 이슈들이 서로 겹치지 않으면서(Mutually Exclusive), 아래 단계의 이슈들을 합치면 바로 윗 단계 이슈가 빠짐없이 고려된다(Collectively Exhaustive)는 뜻이야."

멀린 선배는 말하다 말고 갑자기 류의 눈을 쳐다보았다.

"무슨 말인지 모르겠지? 예를 하나 들어볼게."

멀린 선배는 종이에 무언가를 그리면서 말을 이었다.

"사람을 남자와 여자로 나눠보자. 이때 남자와 여자는 겹치지 않지?"

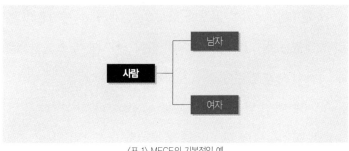

<표 1> MECE의 기본적인 예

류는 고개를 끄덕였다.

"그럼 남자와 여자를 합하면 상위 개념인 사람 전체가 되지?"

"네."

"그렇다면 사람을 남자와 여자로 나눈 건 'MECE하다'고 할 수 있겠지. 하지만 그림을 이렇게 고쳐도 과연 'MECE하다'고 할 수 있을까?"

말을 마친 멀린 선배는 그림을 약간 고쳐서 류에게 보여주었고, 류는 그림을 가만히 들여다보았다.

"'MECE하지' 않은 것 같은데요? 우선 남자와 어린이가 겹치죠. 어린이 중에도 남자아이가 있으니까."

멀린 선배는 고개를 끄덕였다.

<표 2> MECE의 잘못된 예

"그리고 남자와 어린이를 합치면 사람의 전체가 되지 않죠. 어린이가 아닌 여자, 그러니까 아가씨나 아줌마나 할머니가 빠져 있으니까요."

"정확해. 금세 이해했구나."

멀린 선배의 말에 류는 미소를 지었지만, 뭔가 미심쩍었다.

"하지만 선배, 이렇게 모든 이슈를 빠짐없이 고려한다고 문제가 다 해결되는 건 아니잖아요."

"그렇지. 이슈들 가운데 정말 중요한 게 무엇인지를 알아야 하지. 그러기 위해서는 이슈나 쟁점을 둘러싸고 있는 상황뿐만 아니라, 한발 물러서서 그 외의 다른 변수들을 살펴봐야지."

"말은 쉽지만 그게 말처럼 쉬운 일은 아닐 텐데요."

멀린 선배는 허허 웃더니 말을 이었다.

"녀석, 급하기는. 부딪쳐보지도 않고 지레 어렵게 생각하면 될 것도 안 된다고. 이럴 땐 완벽하지는 않아도 대강의 그림을 파악하기에 좋은 방법이 있어. 2×2 매트릭스를 쓰면 돼."

"그게 뭐예요?"

"별것 아니야. 정사각형 형태의 박스를 그리고, 그 박스를 다시 넷으로 나누는 거야. 아마 너도 일할 때 많이 쓰고 있을 걸."

"아, 그걸 2×2 매트릭스라고 부르는 거구나."

"그래. 2×2 매트릭스는 이슈트리나 MECE에 비하면 오히려 간단한 방법이야. 그래서 사람들이 이것의 효용가치를 폄하하는 면도 없지 않지. 하지만 어떤 쟁점들이 뒤섞여 있는 문제를 살필 때는 이 매트릭스가 그 대립 구도를 일목요연하게 보여주는 장점이 있어. "

멀린 선배는 팔짱을 끼고, 의자에 몸을 파묻으며 말했다.

"너, 지금도 야구 좋아하니?"

"그럼요. 중국에 있어서 우리나라 프로야구를 제대로 못 보는 게 아쉽지만, 그래도 인터넷으로 틈틈이 하이라이트나 뉴스는 보고 있죠. 선배는 어때요?"

"나? 바깥으로만 계속 도니까 잠실야구장 간 지도 백만 년은 된 것 같다, 하하."

"맞아요, 학교 다닐 때 선배랑 다른 친구들이랑 야구장에 심심치 않게 갔었는데……."

"그래, 그랬지. 하여간, 여전히 야구를 본다니까 간단한 야구 룰을 가지고 2×2 매트릭스 얘기를 풀어볼까?"

"좋아요, 야구 룰은 저도 나름대로 자신이 있으니까……."

"그래, 그럼 해보자고. 지금 상황이 투아웃에 주자 1루, 볼 카운트는 투 스트라이크 쓰리 볼이야. 이때 투수가 투구를 할 때 1루 주자는 뛰는 게 좋으니, 안 뛰는 게 좋으니?"

"그야 무조건 뛰어야죠. 스트라이크가 들어가서 타자가 아 웃되면 뛰든 안 뛰든 이닝이 끝나는 거니까 상관없고, 볼이면 어차피 2루에 가는 거고, 혹시 타자가 안타를 치면 2루가 아 니라 3루, 때에 따라서는 홈에 들어올 수도 있잖아요."

"그렇지. 뜬공이나 직선타구로 타자가 아웃돼도 어차피 쓰 리 아웃으로 이닝이 끝나니까 주자가 다시 1루로 돌아갈 일을 걱정할 필요도 없지."

"네, 하여간 그 상황에선 1루 주자는 무조건 뛰어야죠. 대 신 파울이 계속 나면 힘들겠지만, 하하."

	타자가 배트에 맞힌 경우	타자가 배트에 못 맞힌 경우
주자가 뛰는 경우	• 안타 – 빠른 스타트 때문에 추가 진루 가능성이 높음 • 파울 – 1루로 되돌아가면 됨 • 아웃 – 자동으로 이닝 종료	• 스트라이크 – 타자 아웃으로 이닝 종료 • 볼 – 타자와 주자 한 베이스씩 추가 진루 　– 볼이 빠질 경우 주자가 3루까지 추가 진루 　도 가능함
주자가 뛰지 않는 경우	• 안타 – 평소와 같은 스타트 때문에 추가 진루 가능성 낮음 • 아웃 – 자동으로 이닝 종료	• 스트라이크 – 타자 아웃으로 이닝 종료 　– 볼이 빠질 경우 주자가 3루까지 추가 진루 　어려움

〈표 3〉 야구를 통한 2×2 매트릭스의 예(주자 1루, 2아웃, 2스트라이크, 3볼 상황)

"그렇지. 그런데 이걸 너나 나처럼 야구를 잘 아는 사람 말고 잘 모르는 사람한테 설명해주려고 한다면 지금처럼 말로만 설명해서는 어렵겠지? 그렇다면 이 상황을 2×2 매트릭스로 한번 그려볼까?"

이윽고 멀린 선배의 손끝에서 매트릭스 그림 하나가 태어났다.

"자, 한번 살펴보자고. 일단 투수가 피칭 동작을 할 때 바로 스타트를 끊느냐 아니면 베이스에 남아 있느냐는 게 주자의 선택 옵션이고, 그 주자의 선택은 타자의 타격 결과에 영향을 받는 거지?"

"그렇죠."

"그래서 주자의 선택[뛰느냐, 남느냐]과 타자의 타격 결과

[타격을 했느냐, 아니냐]를 기준으로 매트릭스를 짜보면, 각각의 경우에 따른 조합 네 가지가 나오게 되는 거지."

멀린 선배의 말을 듣는 류의 눈빛이 반짝인다.

"그래서 주자가 투구가 시작되자마자 스타트를 끊는 것이 타자의 타격 결과가 어떻든 간에 1루에서 상황을 관찰한 뒤 스타트를 끊는 것보다 항상 유리한 결과를 낳게 되는 걸 알 수 있어. 이렇게 2×2 매트릭스는 상황을 일목요연하게 정리해서 보여줌으로써 의사결정을 수월하게 해줄 수 있지."

류는 고개를 크게 끄덕이며 말했다.

"아…… 그렇군요. 설명을 그저 쭉 늘어놓기보다 이렇게 대립하는 측면을 한 번에 보게 되면, 어떤 선택이 유리한지 한눈에 들어오네요. 이해하기가 쉽겠어요."

"그렇지. 보통 우리가 어떤 의사결정을 해야 할 때는 열 개나 백 개의 대안들을 놓고 고르는 일은 없잖아? 많아야 두세 개, 거의 대부분은 두 가지 안 가운데 양자택일하는 경우라고. 그런데 의외로 양자택일할 때 뭔가 고려해야 할 것을 놓칠 때가 있어. 고려할 것이 많지 않기 때문에 방심하게 되는 거지……."

그렇게 계속된 현자 멀린의 이야기는 따뜻한 커피가 차갑게 식을 때까지 한참 이어졌다. 핵심적인 것은 중국사업팀의 현재 상황과 회생 가능성의 여러 변수들을 일목요연하게 정리해보라는 얘기였다. 이야기가 끝날 무렵 류의 앞에는 복잡한 박스(Box)들이 어지럽게 그려진 종이 몇 장이 놓여 있었다.

"류, 그럼 일주일 뒤에 보자고. 행운을 빈다."

란저우 _{蘭州. 중국 간쑤甘肅성에 위치한 공업도시. 주요 철도
와 도로기 교차하는 중국 서북부지방의 교통 요충지} 로 향하기 위해 공항으로 떠나며 멀린 선배가 남긴 말은 작별인사라기보다는 마치 숙제를 내준 선생님의 말씀처럼 묵직하게 들렸다.

✺ 문제를 풀어가는 첫걸음

한가롭게 느껴져야 할 일요일 오후지만 류의 마음은 그렇지 못하다. 거실 소파에 몸을 파묻자 이내 노곤하다. 요 며칠 잠을 제대로 이루지 못한 탓이다. 팀원들 앞에서 큰소리는 쳤지만 정말 남은 두 달 동안 무엇을, 어떻게 해나가야 할지 답답할 뿐이다. 멀린 선배 말대로 해봐? 하긴, 지금 달리 방법이 마땅히 떠오르는 것이 없다. 그러나 그게 그간 류가 해오던 방식보다 얼마나 효과가 있을지는 여전히 의문이다. 자신은 마법사가 아니잖은가. 멀린 선배나 마법사지…….

"뭘 그렇게 골똘히 생각해?"

커피를 들고 다가오면서 아내가 묻는다. 아내의 표정은 여전히 냉랭했다. 장인 일로 화난 것이 아직 풀리지 않은 듯했다.

"음, 별것 아니야." 류는 건성으로 대답했고, 아내는 류 앞에 커피를 한 잔 놓아주고는 건너편 소파에 앉아 무언가를 들여다보기 시작했다.

아내와 결혼한 지 5년이 되어간다. 하지만 류는 아직도 아내가 자신으로 인해 화가 나 있을 때 어떻게 풀어주어야 할지 잘 모른다. 워낙 여자 대하는 것이 서툰 탓이기도 하지만 때론 아이가 있다면 쉽게 풀릴 문제가 아닐까 생각하곤 한다. 문득, 아이를 주시지 않은 하느님이 원망스러워진다.

'내 참, 엉뚱한 데다 핑계를 대고 있군.' 류는 혼자 피식 웃고는 상념에서 벗어났다.

그때 아내가 들여다보는 종이가 눈에 띄었다.

"뭘 그리 보고 있어?"

"오빠가 웬일로 메일을 보냈네요." 처남이 보낸 이메일을 출력한 모양이다.

"처남이 메일을 보냈어? 무슨 내용이야?"

류의 물음에 아내는 차갑게 대답했다.

"신경 끄세요. 친정 일엔 관심도 없는 사람이 어쩐 일로 참견을 하려고 그래요?"

아내의 핀잔에 류는 무안하기도 하고 슬며시 화가 났지만 우선 참기로 했다.

"에이, 여보. 그러지 말고, 한번 얘기해봐. 엊그제 장인어른 일은 내가 잘못했다고 하지 않았어?"

아내는 류를 잠시 흘겨보더니 약간 풀어진 목소리로 말문을 열었다. 일단 안심이다.

"오빠가 2년 정도 후에 집을 사려고 하나 봐요. 종자돈을 만들고 싶다면서, 괜찮은 방법이 없겠냐고 물어보네요."

"웬일이야?" 류가 반문했다. 평생 이재(理財)에는 관심이 없던 처남이었는데 갑자기 무슨 바람이 분 것일까. 아무튼 잘된 일이라고 류는 생각했다.

"드디어 처남도 눈을 떴구만. 진작부터 좀 신경 쓰시라고 했더니. 얼마나 필요하다시는데?"

"글쎄, 그런 내용은 없네요."

아내에게 점수 좀 따볼까 하고 류가 큰맘 먹고 말했다.

"우리 돈을 좀 빌려드리면 어때?"

"이야, 서쪽에서 해가 뜨겠네. 웬일로 처가에 돈 빌려주겠다는 소리를 해요?"

아내는 말은 그렇게 하면서도 그리 싫지 않은 표정이다.

"근데 오빠가 그건 싫다고 할 거예요."

돈을 빌리지 않고 종자돈을 마련한다? 처남은 그리 금전적으로 여유 있는 편이 아니라서 얼마간 대출이 필요할 텐데. 이런 생각을 하던 찰나, 류의 머릿속에 갑자기 어제 멀린 선배와 나눈 대화가 떠올랐다.

"…… 네 앞에 닥친 모든 문제를 풀어가는 첫걸음은 어떤 결론을 내리기 전에 가능한 가설들을 빠짐없이 모두 검토할 수 있도록 체계화하는 거야……."

그렇다. 처남 문제를 가지고 멀린 선배가 내준 숙제를 한 빈 풀어볼까?

우선 가능한 가설이 무엇인지 생각해보자. 아무래도 부동산에 투자를 하는 것도 좋겠고, 요즘 유행하는 해외펀드에 투자하는 것도 괜찮을 듯싶다. 그리고 처남이 대기업에 다니니까 시간 외 근무수당은 비교적 정확히 나올 테니 시간 외 근무도 하나의 방법일 테고. 아, 근본적으로 지출을 줄이는 방법이 있지. 그리고 회를 워낙 좋아하는 처남이 외식을 자주 한다고 들었는데 그렇다면 외식비를 줄이는 것도 포함될 수 있겠네…….

류는 지금 생각난 것들을 종이에 메모하고 머리를 이리저리 굴려보았다. 가설을 세웠으니 그 다음에는 가설들이 빠짐없이 모두 나온 것인지를 검토해봐야겠지. 그런 다음 이슈트리를 그려보고, MECE의 관점에서 이슈트리를 검토해야겠네. 가만 있자, 멀린 선배가 MECE를 뭐라고 했더라.

"…… 'MECE하다'라는 것은 같은 단계에 있는 이슈들이 서로 겹치지 않으면서, 아래 단계의 이슈들을 합치면 바로 윗단계 이슈가 빠짐없이 고려돼야 한다는 뜻이야……."

여기까지 떠올린 류는 다시 자신이 종이에 적은 내용을 찬찬히 살펴보았다.

무슨 말인지 알 듯 말 듯하지만, 어찌되었든 모두 합쳐서

〈표 4〉 처남이 종자돈을 마련할 수 있는 방법–단순 나열

전체가 돼야 한다는 것이 멀린 선배 이야기의 요지였다. 그렇다면 내가 그린 것은 재산을 늘리는 방법의 전체라고 할 수 있나? 아닌 것 같다. 멀린 선배가 말해준 MECE라는 개념에 비춰 보면, '서로 겹치지 않아야 한다'는 점에서 '투자수익 올리기'와 '해외펀드 투자하기'는 중복되는 면이 있다. 이럴 경우 '해외펀드 투자하기'는 '투자수익 올리기'의 하위 개념으로 정리하는 것이 낫겠다. 그리고 또 보자. 월급이 더 많은 곳으로의 전직 같은 선택사항도 빠져 있다. 그렇다면 이건 MECE 측면에 부합되지 않겠네.

처음부터 다시 생각해보자. 류는 자세를 고쳐 앉고 종이를 다시 들여다보았다.

재산을 늘리는 방법은 크게 두 가지이다. 수입을 늘리거나 지출을 줄이는 것. '수입 늘리기'와 '지출 줄이기'는 서로 겹치지 않는다(Mutually Exclusive). 그러면 이 둘만 생각하면 재산 늘리는 방법의 전체가 되나(Collectively Exhaustive)? 그런 것 같다. 그럼 수입 늘리기에는 무엇이 있을까? 투자를 통해 벌어들이는 것도 있고, 일해서 버는 것도 있겠지. 이것들이면 전부일까? 아니다. 복권당첨 같은 '횡재'도 있지 않나. 이 세 가지는 중복되는 부분이 없다(Mutually Exclusive). 그러면 이 세 가지로 '수입 늘리기'의 전체가 되나(Collectively Exhaustive)? 역시 그런 것 같다.

류는 멀린 선배가 말해준 MECE라는 원칙을 떠올리면서 이슈트리를 펼치기 시작했다.

시간이 얼마간 흐르자 제법 체계를 갖춘 이슈트리가 그려졌다. 류는 이것을 찬찬히 살펴보았다. 그렇다. 뭔가 일목요연하게 보이기 시작한다. 이렇게 정리하니까 빠진 것 없이 모든 이슈들을 검토할 수 있을 듯했다. 하긴, 예전에 류가 기획팀

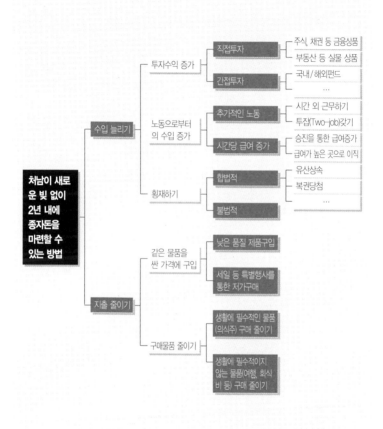

〈표 5〉 처남이 종자돈을 마련할 수 있는 방법 – MECE를 고려한 이슈트리

에서 일하던 시절 이슈트리를 처음 배울 때는 트리의 체계에만 신경을 썼지, MECE는 크게 생각해본 적이 없었다. 돌이켜보니 회사가 컨설팅을 한 번 받고 난 다음부터 이슈트리가 사내에 퍼지기 시작했었다. 하지만 트리 모양만으로도 얼핏 체계적으로 보이니까 너도 나도 MECE를 고려하지 않은 트리를 흉내냈을 뿐이었던 것 같다.

"당신, 지금 그리는 거 이슈트리 아네요?" 옆에서 차를 마시던 아내가 갑자기 끼어들었다.

"어라, 당신이 이걸 어떻게 알아?" 류가 깜짝 놀라 물었다.

"내가 요즘 번역하고 있는 책에 저 얘기가 나와요. 번역하면서 꽤 흥미롭다 싶었는데, 당신이 그릴 줄은 몰랐네."

아내가 신기한 듯 웃으며 말했다. 오랜만에 아내의 얼굴에서 본 미소가 반갑다. 그건 그렇고, 정말 신기하다. 아내가 이런 것을 다 알고 있었다니.

"그래? 그럼 당신도 개념을 좀 알겠구나. 한번 볼래?" 아내에게 종이를 넘겨주자 아내는 잠시 살펴보기 시작했다.

"2년 내에 새로운 빚 없이 재산을 늘리기 위해서는 크게 수

입을 늘리는 방법과 지출을 줄이는 두 가지 방안이 있을 테니까 'Mutually Exclusive' 하고, 수입을 늘리기 위해서는 투자수익 증가, 노동으로부터의 수익 증가와 횡재하기 등 이 세 가지 방법을 통해서 가능하니까 'Collectively Exhaustive' 하다고 할 수 있네. 나야 전문가가 아니고 번역하면서 알게 된 것뿐이라서 자세히는 모르겠는데. 일단 잘된 것 같은데?"

"그래?" 류는 아내를 바라보았다.

'Mutually Exclusive' 와 'Collective Exhaustive' 를 자연스럽게 말하는 아내가 진짜 전문가처럼 보였다.

"이 그림, 오빠한테 보내줘야겠어. 안 그래도 복잡한 거 좋아하는 괴짜인데 가능한 방법이 일목요연하게 다 들어 있으니까 아마 좋아할 거야."

그렇게 말하던 아내가 문득 그림에 두고 있던 시선을 류에게 던졌다.

"근데, 당신은 이기 원래 알던 거예요?"

아내의 물음에 대답하는 대신 류는 엷은 미소를 지었다. 그래, 어차피 이렇게 된 이상 멀린 선배 말대로 팀원들과 함께 시작해보자. 밑져야 본전 아닌가. 게다가 아내에게 잃었던 점

수도 땄으니, 후후.

"우리 오빠 일에 신경 쓰는 건 좋은데. 그 반만이라도 나한테도 관심을 가져주면 어때요?"

훗, 아직 마음 놓기는 이르군. 류는 빈 커피잔을 들고 주방으로 들어가는 아내의 뒷모습을 바라보며 한숨을 쉬었다.

※ 왜 철수를 명령했을까?

다음 날인 월요일 아침, 여느 때처럼 류는 팀원들과의 미팅으로 한 주일을 시작했다. 그러나 미팅 주제는 그 어느 때보다 중요했다. 우리 팀이 살 길을 찾는 것, 이만큼 중요한 게 또 어디 있을까. 팀이 죽느냐 사느냐, 단 2개월의 시간이 주어진 피를 말리는 생존 게임이 시작된 것이다. 그 실질적인 첫째 날이라 할 수 있는 오늘, 류는 멀린 선배가 가르쳐 준 MECE를 바탕으로 이슈트리를 팀원들과 함께 그려볼 작정이다. 멀린 선배의 말이 과연 얼마나 통할까. 주머니 속에 있는 멀린 선배의 메모를 만지작거리며 류가 말문을 열었다.

"여러분들이 보기에 사장님이 왜 중국사업팀을 없애기로 결정하신 것 같나요?"

"상식적으로 이해가 가질 않습니다. 도대체 이유가 뭔지 모르겠습니다." 무대포가 말문을 열었다.

"아니, 사업 시작한 지 얼마나 됐다고 벌써 접습니까? 처음부터 흑자로 시작하는 사업이 어디 있나요? 더군다나 여기는 중국 아닙니까? 10년 전 중국도 아니고, 지금은 글로벌업체랑 머리가 터지게 싸우는 세계에서 제일 치열한 격전지인데 ……."

알아서가 말을 받았다.

"그렇습니다. 상식적으로는 이해할 수 없는, 무언가 다른 숨겨진 의도가 있는 게 아닐까요?"

이런 식이라면 원인 분석은커녕 불만만 쏟아내다 끝날 수 있다. 류가 나섰다.

"틀린 얘기는 아닙니다. 우리 팀 구성원 모두들 그렇게 생각하고 있겠지요. 하지만 우리가 그런 내용을 보고서에 포함시킬 수는 없어요. 일단 우리는 눈에 보이는 것들을 가지고 합리적으로, 논리적으로 회사를 설득할 수 있게 준비해야 합니다."

신중해가 호응했다.

"팀장님 말씀이 맞습니다. 숨겨진 의도가 있는 사내 정치 구도가 개입되었다 해도, 일단 우리 팀의 상황 분석과 의견을 논리적으로 정리한 자료가 필수적입니다. 감정적으로 대응해서는 아무것도 할 수가 없습니다. 우선 말이 되는 논리가 마련되어야 맞대응이 가능합니다. 지금처럼 우리가 코너에 몰려 있는 입장이면 더욱 그렇죠."

"그렇다면, 다시 처음으로 돌아가서 생각해보죠." 뭔가 골똘히 생각하던 기획통이 말을 꺼냈다.

"사장님께서 중국사업팀을 철수하고자 하는 가장 큰 이유는 현재 중국사업에서 적자가 계속되고 있기 때문입니다. 따라서 우리는 쌓여만 가는 적자 문제를 해소할 수 있는 유일한 방법이 사업 철수가 아니라는 것을 사장님께 알려야 합니다. 오히려 그보다 더 좋은 대안이 있을 수 있음을 설명해야 할 거라고 생각합니다."

류는 고개를 끄덕였다. 기획통이 핵심 질문(Key Question)을 풀어갈 힌트를 모두에게 준 셈이다. 그럼 어제 연습해본 이슈트리를 팀원들과 함께 그려볼까.

"대안을 설명할 때 우선 우리가 고려해야 할 것은 모든 대안이 빠짐없이 검토되었는지 여부와 그 다음 어떤 대안이 최적인가를 결정하는 것입니다. 그렇다면 우선 우리가 생각할 수 있는 모든 대안을 검토해야 하는데……."

"팀장님, 잠시만요." 무대포가 손을 들었다.

"제 생각에는 어차피 우리가 내놓을 보고서의 최종 목적은 철수가 아닌 사업 지속입니다. 그렇다면 지금 이 시점에서 우리가 눈앞에 닥친 어려움을 해결할 최선인 '가격인하' 문제에 집중하는 것이 시간도 절약하고 효과도 극대화할 수 방법이라고 생각합니다."

"음, 무 과장은 그럼 모든 대안을 하나씩 살펴보기보다는 바로 가격인하를 통한 시장확대 방안에 집중하자는 거지요?" 류가 반문했다.

"그렇습니다. 제가 우리 팀에 합류하기 전부터 꽤 오랫동안 중국 관련 프로젝트를 해봐서 잘 압니다. 중국에서 비즈니스를 할 때는 첫째도 둘째도 가격 경쟁력입니다. 따라서 저는 저가전략을 통한 시장확대를 첫 번째 단계의 이슈로 넣어야 한다고 생각합니다."

무대포의 의견에 타당성이 없는 것은 아니지만, 그는 '자기 경험'에 입각해서 말하고 있는 셈이다. 그렇다면 다른 사람 또한 '자기 경험'에 입각해서 다른 주장을 할 수 있을 것이다. 역시나 알아서가 의견을 내놓았다.

"저는 무대포 과장님이 제기한 이슈 외에 추가적으로 중국 소비자들에게 우리 브랜드를 널리 알리기 위한 광고를 대대적으로 해야 한다고 생각합니다."

신중해도 한 마디 던졌다.

"두 사람은 모두 판매 증대 관점에서 이야기하고 있지만, 비용절감 차원에서 기존 공장 부지 중 놀고 있는 땅을 처분하는 것도 함께 고려해야 한다고 생각합니다. 그렇게 해서라도 누적 적자를 줄이는 것이 필요하지 않을까요?"

자, 이렇게 중심 없이 제각각이면 문제가 있다. 설령 누군가의 제안이 옳은 것으로 나중에 판가름난다 하더라도 일단 전체를 봐야 올바른 해답의 후보들을 찾아낼 수 있는 것 아니겠는가. 류가 일어서서 화이트보드에 지금까지 나온 의견을 적은 뒤 말문을 열었다.

"모두 좋은 의견들인데, 우리 잠깐 뒤로 물러서서 한번 생각해봅시다. 우리가 풀어야 할 문제가 뭘까요? 중국사업 부문의 개선만이 우리의 이슈일까요?"

"네? 그게 무슨 말씀이신지……." 무대포가 고개를 갸우뚱거리며 물었다.

"우리 입장에서야 당연히 이곳 사업부의 철수를 막는 일이겠지요. 하지만 그런 결정이 내려진 회사 입장에서 생각해봅시다. 사장님은 회사의 이익을 늘리는 방법의 하나로 우리 사업부를 정리하려고 하시는 겁니다. 그러면 중국사업팀의 정리나 매각도 이익 증대의 방법이 되는 것 아닐까요?"

"류 팀장님!" 기획통이 손을 들었다. 그래, 네가 손들기를 기다렸다.

"팀장님 말씀을 듣고 보니 저희가 이제까지 늘 해왔던 것처럼 기존 사업을 잘해나가는 데에만 초점을 맞춘 것 같습니다. 팀장님 얘기는 우리의 목표는 빠른 시간 내에 적절한 수준의 이익도 내고 앞으로도 성장을 계속할 수 있도록 중국사업에 대해 전체적으로 검토를 해야 한다는 것이지요?"

기획통은 류의 의도를 파악했다는 듯 질문을 했다.

그러자 무대포가 말했다.

"그건 기 과장이 잘 몰라서 하는 말입니다. 내가 중국에 10년이나 있었던 사람으로 얘기하는데, 다른 이슈들은 쉽게 해결할 수 있어요. 가격 전략 쪽만 집중하면 거기서 답이 나온단 말입니다."

역시 무대포는 무대포다. 고집을 꺾지 않는 무대포를 류가 잠시 제지했다.

"무 과장 생각을 무시하자는 건 아니에요. 하지만 지금은 가능한 모든 사항에 대한 전반적인 재검토를 해야 할 시기입니다. 사장님을 설득하기 위해서는 우리가 회사 경영진의 입장에서 모든 가능성을 검토한 다음 각 대안들의 타당성을 분석한 내용이 필요합니다. 즉 기존 중국사업의 개선뿐만 아니라 더 큰 시각에서 철수, 매각 등의 옵션 또한 같이 고려해봐야 합니다."

무대포는 아직 선뜻 납득한 표정이 아니었지만 다른 사람들은 모두 고개를 끄덕였다. 자, 지금이다! 류가 목청을 가다듬었다.

"그럼 우리 과제의 범위를 넓은 측면에서 볼 수 있도록 이슈트리부터 그려봅시다. 모르는 사람들도 있을 테니 간략히 설명을 하지요."

이어서 류는 팀원들에게 이슈트리와 MECE의 개념, 그리고 어제 자신이 만들어보았던 예시까지 설명해주었다. 류가 설명을 마치자 모두의 배꼽시계가 이미 점심 때를 알리고 있었다.

"자, 벌써 식사시간이 됐네요. 그럼 점심 먹고 오후에 계속할까요? 일단 내가 우리가 당면한 핵심 과제하고, 오전에 나온 여러분의 의견 앞에 핵심 질문을 적어볼 테니까, 이걸 바탕으로 각자가 생각을 좀 해보고 다시 만납시다."

류는 화이트보드에 다음과 같은 문장을 적었다.

'2년 이내에 매출 대비 10퍼센트 수준의 영업이익률을 달성하고, 향후 성장을 지속할 수 있는 발판을 마련하기 위해 현재 적자가 누적되고 있는 중국사업을 어떻게 해야 하는가?'

그러고는 이제까지 나왔던 내용들을 핵심 질문과 연결시켜 〈표 6〉을 그린 후, 회의실을 나갔다.

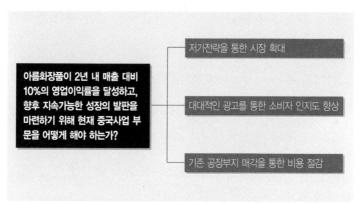

아름화장품이 2년 내 매출 대비 10%의 영업이익률을 달성하고, 향후 지속가능한 성장의 발판을 마련하기 위해 현재 중국사업 부문을 어떻게 해야 하는가?

저가전략을 통한 시장 확대

대대적인 광고를 통한 소비자 인지도 향상

기존 공장부지 매각을 통한 비용 절감

〈표 6〉 아름화장품 중국사업팀의 회생을 위한 방안의 단순 나열

＞ ＞ ＞

"이슈트리는 또 뭐야? 나같이 발로 뛰어서 얻은 경험이 진짜 중요하지, 저런 것처럼 책상에서 펜대 돌리는 사람들이 만들어낸 건 별 소용이 없다고요. 이런 건 시간낭비밖에 안 될 텐데……."

무대포가 짜증난 표정으로 담배 연기를 내뿜으며 말했다.

예전에 류와 함께 기획팀에서 이슈트리를 만들었던 신중해가 말을 받았다.

"나도 예전에 이슈트리를 처음 만들어볼 때는 짜증이 많이

났지. 일단 시작하고 나서 필요하면 고치면 될 걸 뭘 저렇게까지 하나 싶었어. 그런데 저런 식으로 하니까 오히려 효율성도 높고 결과도 좋더라고. 뭐 나도 MECE에는 아직 익숙지 않지만, 팀장님이 원래 헛짓하시는 분은 아니잖아?"

신중해가 무대포를 달래자 무대포도 슬며시 물러났다.

"네, 차장님. 일단 해보죠. 하지만 아마 나올 결과는 뻔해요."

"신 차장님, 무 과장님. 이제 그만 들어오시죠." 알아서가 회의실에서 재촉했다.

다시 회의실에 모인 팀원들은 화이트보드에 적혀 있는 이슈트리를 두고 이야기를 나누기 시작했다. MECE는 모두들 거의 처음 듣는 개념이었고, 이슈트리에도 익숙하지 않은 사람들이 있었다. 그런데 류의 리드에 따라 하나씩 짚어가다 보니 점차 처음 그려진 이슈트리에서 무언가가 조금씩 펼쳐지고 또 충실하게 정리되는 것을 모두가 느낄 수 있었다. 그렇게 〈표 7〉과 같은 이슈트리가 완성되었다.

"이야······." 알아서가 탄성을 질렀다.

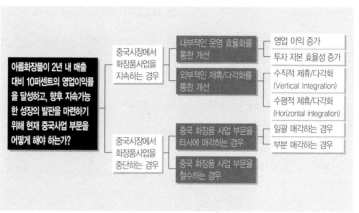

〈표 7〉 아름화장품 중국사업팀 처리방안을 MECE하게 고려한 이슈트리

신중해도 기분 좋은 목소리로 거들었다.

"이슈트리라는 걸 MECE하게 만들어보니까 저렇게 많은 경우의 수가 있는데도 굉장히 일목요연하게 정리가 되네요."

류가 화이트보드를 보며 설명을 했다.

"지금 우리가 만든 걸 찬찬히 살펴봅시다. 특징적인 건 아래 단계의 이슈들이 바로 윗 단계 이슈의 모든 측면을 고려하고 있다는 점입니다. 즉 영업이익률 달성을 위해 중국사업 부문을 처리하는 방법은 크게 '사업 지속'과 '사업 중단'으로 나뉘어지고, 사업 중단은 다시 매각 혹은 철수 등으로 나뉘지요. 각각의 방법들은 서로 겹치지 않으며(Mutually Exclusive),

중국사업 처리 방안의 모든 것(Collectively Exhaustive)을 설명하고 있습니다."

잠시 팀원들을 둘러본 류는 계속 말을 이어나갔다.

"매각의 경우에도 일괄 매각과 부분별 매각, 두 가지로 나누어 생각한다면 이들은 서로 겹치지 않고(Mutually Exclusive), 이들이 우리가 고려할 수 있는 매각 방식의 전부(Collectively Exhaustive)이지요. 이런 식으로 아래 단계의 이슈나 방안들을 해결할 경우 바로 윗 단계 이슈의 모든 측면이 자동적으로 해결될 수 있습니다."

모두가 류의 설명에 고개를 끄덕였다. 사실 류도 자기 자신의 말에 스스로 놀라워하고 있었다. 어제까지만 해도 익숙하지 않았던 MECE였는데, 이렇게 팀원들과 함께 하나의 이슈트리를 만들어가면서 아래 단계 이슈의 해결이 윗 단계 이슈의 해결로 직결될 수 있다는 사실을 발견했기 때문이었다.

'바로 이게 멀린 신배가 날한 MECE의 힘이었구나.'

그러나 이게 다가 아니다. 류는 다시 이슈트리로 돌아왔다.

MECE로 인해 '단단해진' 이슈트리가 만들어졌다면, 이제 그 다음부터는 예전부터 해오던 방식대로 진행하면 될 것이다. 전에는 보통 이슈트리를 만들면 각각의 세부 이슈에 대해서 하나하나 분석을 했었지? 그런데 우리 팀 다섯 명이 2개월 내에 이걸 다 해내는 것은 역부족인데……. 류는 잠시 생각한 후 새로운 화두를 팀원들에게 던졌다.

"자, 그럼 우리가 만든 이슈들 중에서 주력해야 할 이슈와 배제해야 할 이슈들을 정합시다."

"팀장님, 그럼 우리가 도출한 모든 이슈들에 대해서 분석을 진행하는 것이 아닌가요?"

알아서는 궁금해서 못 견디겠다는 표정으로 말을 이었다.

"MECE를 설명하시면서 윗 단계의 이슈를 해결하기 위해서는 아래 단계 이슈들을 모두 고려해야 한다고 하셨는데, 만약 몇 가지라도 배제하면 과제를 해결하는 데 문제가 되지 않을까요?"

류가 말을 받았다.

"알아서 대리가 아주 좋은 질문을 했습니다. 알 대리 말대로 아무런 제약이 없다면 모든 이슈들을 고려해서 작업을 하는 것이 좋지요. 하지만 우리에게는 2개월이라는 한정된 시간, 다섯 명의 인원, 가용 예산 등 여러 측면에서 제약이 있어요. 따라서 가장 중요한 것 몇 가지에 우리가 힘을 쏟을 수 있도록 이슈들의 우선순위를 정하는 작업이 반드시 필요합니다."

"어차피 몇 가지에만 주력할 거라면 굳이 처음부터 모든 이슈들을 도출할 필요가 없었을 것 같은데요. 제가 말씀드린 대로 가격인하에 집중했다면 좋았을 텐데……." 무대포가 거보란 듯이 말했다. 마치 자신의 주장이 옳다는 것이 입증되었다는 양.

이때 다시 기획통이 류를 거들어주었다.

"저는 생각이 조금 다릅니다. 만약 우리가 처음부터 생각해낼 수 있는 몇 가지에만 집중했었다면, 결과적으로 가치가 있는 다른 대안들을 아예 놓쳤을 수도 있지 않았을까요?"

신중해가 동조했다.

"나도 그렇게 생각해요. 아까 팀장님이 말씀하신 대로, 검토할 필요가 있는 대안들을 전부 펼쳐놓고 나서 가장 좋은 방안을 추려내는 것과 처음부터 그 가운데 일부만 고려한 후에 최종 결정을 하는 건 상당한 차이가 있다고 봐요."

류가 정리했다.

"신 차장이 지금 이야기한 대로 이슈트리를 만드는 것은 반드시 필요한 과정입니다. 이제는 우리가 가장 중요한 이슈에 집중할 수 있도록 펼쳐놓은 이슈들의 우선순위를 매기는 작업을 합시다. 자, 그럼 우선순위를 정하기 위한 기준은 무엇으로 하는 것이 좋을까요?"

뭐든 빨리 배우고, 순발력이 있는 팀의 막내 알아서가 먼저 입을 열었다.

"보통 어떤 프로젝트를 진행할 때 회사에 어느 정도의 이익을 줄 수 있는지를 많이 고려하지 않나요?"

알아서의 말이 끝나자 기획통이 나섰다.

"알 대리 말처럼 이익 여부도 주요 고려 사항이겠지만, 실행하는 데 시간이 너무 오래 걸리거나 비용이 너무 많이 들면 처음으로 돌아와 실행 여부 자체를 다시 한 번 생각해봐야 하겠지요."

류가 그 둘의 의견을 정리했다.

"내가 예전에 기획팀에 있을 때 경험을 돌이켜보면, 알 대리와 기 과장이 이야기한 두 가지, 그러니까 '재무적인 효과'와 '실행상의 용이성'이 보통 프로젝트의 우선순위를 정할 때 많이 사용되는 기준입니다. 그럼 이번 경우에도 우선순위를 매기는 기준으로 이 두 가지를 가지고 판단해보도록 하죠. 다만 왜 우선순위를 정하는 작업이 필요한 것인지, 그 이유를 한 번 짚고 나갑시다." 류는 물을 한 모금 마신 뒤에 다시 말을 이었다.

"우리가 우선순위를 매기는 이유는 우리가 가진 자원이 제한되어 있다는 전제하에서 주어진 자원을 최대한 효율적으로 활용하기 위해서가 아니겠어요? 그렇다면 우선순위를 위한 분석 자체에 매달림으로써 시간을 지나치게 많이 소비하는 것은 주객이 전도된 것이 아닌가 하는데 여러분 생각은 어때요?"

팀원들은 모두 고개를 끄덕였다.

"다들 동의하는 것 같군요. 그렇다면 주어진 시간이 2개월밖에 없는 우리가 모든 대안을 심층적으로 분석하는 데 무리가 있는 만큼, 지금까지 우리가 중국사업을 수행해오면서 모아둔 정보들을 적절히 활용해서, 별도의 분석을 군이 하지 않더라도 모두가 공감할 수 있도록 우리가 집중해야 할 부분을 추려내도록 합시다. 자, 그럼 하나씩 짚어보도록 할까요?"

기획통이 손을 들었다.

"철수의 경우에 대해서 제 의견을 말씀드린다면, 재무적 효과가 다른 대안에 비해 매우 낮다는 데는 모두들 동의하실 것이라 생각합니다. 당장 얼마 전에 인수한 로컬업체를 정리하는 데만도 막대한 손실이 불가피한데 그 외의 것까지 고려하면 손실은 더욱 커진다고 봐야죠."

무대포가 그 뒤를 이어서 말했다.

"기획통 과장 이야기와 같은 맥락에서, 매각하는 것도 실행 용이성이 매우 낮을 것으로 생각합니다. 사실 우리 입장에서 매각할 만한 매물이라고는 이번에 인수한 업체뿐인데요. 제가 자신 있게 말씀드릴 수 있습니다만, 있는 그대로든 몇 토막으로 쪼개서든 이 업체를 사려는 움직임은 없을 겁니다."

"왜 그렇지요?"

류의 물음이 이어졌다.

무대포는 원체 중국사업 철수는 말도 안 된다는 신념을 가지고 있었다. 사실 류도 그것이 근거(Rationale)가 있는 신념인지 궁금하던 차였다.

"그간 워낙 적자가 누적돼왔던 회사 아닙니까? 그걸 우리가 인수해서 겨우 우리 기술을 심어나가고 있는 판국인데, 껍데기에 불과한 회사를 굳이 인수할 필요성을 느끼지는 않을 것이라는 게 업계 공통의 이야기입니다."

알아서가 거들었다.

"사실 2년 전만 해도 달랐을 겁니다. 해외업체들이 중국에 많이 들어오지 않았습니까? 그때야 껍데기라도 필요했을 테죠. 하지만 지금은 성공하지 못한 업체들이 줄줄이 철수하고 있는 상황이니까요."

류가 그 의견들을 정리했다.

"좋아요. 지금까지 나온 이야기들을 잘 정리하면 일단 사장님뿐만 아니라 어느 누구에게라도 내놓을 수 있는 수준은 되겠네요. 그렇다면 이제 중국사업을 계속하기 위해서는 '내부적 운영 효율화'와 '외부 다각화', 그 두 가지가 우리가 더 파고들어서 분석해야 할 이슈라는 결론에 도달한 셈입니다. 다들 동의하나요?"

팀원들이 모두 긍정하는 것을 확인한 류는 내부적 운영 효율화와 외부 다각화에서 분석이 가능한 세부 대안을 도출할 것을 팀원들에게 제안했고, 류와 팀원들은 저녁시간을 훌쩍 넘겨가면서 회의에 몰입했다. 늘 그랬던 것처럼 갑론을박이 이어진 결과 류의 팀은 몇 개의 대안을 도출했고, 류는 각각의 세부 방안에 대한 작업을 팀원들에게 나누어 주었다. 각자가 맡은 세부 방안에 대해서는 재무적 효과와 실행 용이성 분석을 통한 구체적인 평가 작업을 지시한 후, 일주일 후에 다시 모여서 논의하기로 했다.

배달된 피자와 맥주 한 잔으로 늦은 식사를 간단히 마무리하자 시곗바늘은 아홉 시를 넘어서고 있었다. 오전부터 계속된 마라톤 회의에 모두들 녹초가 되었을 텐데, 팀원들의 눈빛만은 아직도 쌩쌩했다. 일을 시작한 후 화색을 되찾은 아내를 떠올리며 류는 끄덕거렸다. 그렇다, 사람은 뭔가 스스로가 발전하고 있다는 생각을 할 때에 활력을 찾는 법이다.

골칫거리를 다루는 법

퇴근 후 집으로 향하는 류의 핸드폰이 울렸다. 아내의 번호다. 지난번 장인 일 이후 아내가 먼저 전화를 한 적이 없었는데 웬일일까? 반가운 마음으로 받았는데, 귓가에 들려온 아내의 목소리는 다급했다.

"접촉사고가 났어. 빨리 좀 와줘요."

"뭐? 다치진 않았어?"

"응……. 다치지는 않았는데 무서워 죽겠어요."

사고 현장은 류가 전화를 받은 장소에서 그리 멀지 않은 곳이었다. 도착해서 사정을 파악해보니 3중 추돌사고였다. 아내의 차가 맨 앞에 있었고, 뒤 차량 두 대 사이에서 가벼운 추돌이 있고 나서, 그중 앞 차가 정지선에 서 있던 아내의 차를 들이박은 것이다. 다행히 신호대기를 위해 속도를 줄이던 상황에서 생긴 추돌사고라서 부상자는 없었던 모양이다. 그리고 아내는 아무 잘못도 없는, 글자 그대로 '피해자'였다. 하지만 아내 뒤에서 추돌한 두 차량 운전자 사이에 시비가 붙어서 한 사람이 다른 한 사람을 손찌검하는 일까지 일어났다고 한다. 중국어를 그리 잘하지 못하는 아내 입장에서는 어찌해야 할지 몰라 무서울 수밖에 없었으리라. 류가 현장에 노착하자 아내는 진정이 되기 시작했고, 마침 그때 공안이 도착해서 시비 중에 폭행을 저지른 운전자를 현장에서 체포하면서 사건은 일단락됐다. 류가 공안들과 이야기를 나누고 간단한 서류를 작성한 뒤에, 류는 아내를 데리고 집으로 돌아갈 수 있었다. 아내는 류의 옆자리에 앉아 놀란 가슴을 진정시키고 있었다.

"다치지도 않았고 시비에 말려들지도 않아서 다행이네. 하지만 병원엔 가봐야 해."

류의 말에 아내는 한숨을 내쉬며 대답했다.

"알았어요."

"그래도 남편이 최고 아냐? 당신이 위급할 때 바로 나타나 척척 해결해주고 말이야."

"실없는 소리 그만해요."

대답은 쌀쌀맞았지만 그래도 아내의 얼굴에는 약간의 미소가 흘렀다.

"아닌 게 아니라 당신 중국어 정말 잘 하더라. 언제 그렇게 중국어 공부를 많이 했어?"

류는 말없이 빙긋 웃었다.

"그런데, 아까 공안들이 사건을 처리할 때 보니까 한 사람만 체포하는 거 같던데……. 둘 다 주먹질 한 게 아냐?"

"응, 한 사람은 그냥 맞기만 하고 가만 있더라고. 왜 저러나 궁금했어요."

"하긴, 당신 같으면 옛날 실력 보여줬겠지?"

"아이참, 왜 그래요? 다 옛날 일인데……."

태권도 공인 3단인 아내가 무안한 듯 말했다.

류는 웃음을 짓다가 아내의 얼굴을 문득 바라보았다. 표정이 많이 풀어져 있었다.

"그런데, 정말 왜 다른 한 사람은 맞고만 있었을까요?"

"그 사람 혹시 몸이 불편했던 건 아니었을까?"

"아니야, 그렇지 않았어요. 두 사람 다 멀쩡해 보였거든. 다들 차에서 자기 발로 내렸으니까."

"맞은 사람이 누구였어? 사고 가해자?"

"아녜요. 제 바로 뒤에 차 있죠? 들이받힌 차 운전자였어요."

"희한하네. 그 사람이 왜 얻어맞지? 가해자한테 심한 말을 했나?"

"띄엄띄엄 들어서 정확히는 모르겠는데, 가해자가 피해자더러 갑자기 급브레이크를 밟으면 어떻게 하느냐고 따지는 거 같았어요. 그러면서 가해자가 욕을 하더니 막 때리더라고요."

"음, 적반하장이네?"

"그렇지. 나 같았으면 아마 몇 배로 흠씬 때려줬을 텐데
……."

"거 봐, 당신 태권소녀 맞다니까!"

"아이참, 당신 정말……."

아내가 새침한 표정을 짓는다. 저런 표정은 예전 류가 아내
를 처음 보았을 때의 소녀적 표정 그대로다.

"그렇지. 나라도 같이 주먹을 휘둘렀을 텐데, 그 사람이 그
러지 않은 걸 보면 뭔가 이유가 있을 것 같아. 그게 뭘까?"

"그러게요……." 아내도 갸우뚱한 표정을 짓는다.

이때 류의 머릿속에 멀린 선배가 가르쳐준 2×2 매트릭스
가 떠올랐다.

그렇지. 2×2 매트릭스로 한번 정리를 해보자. 상대가 욕설
과 함께 폭력을 휘둘렀다고 한다. 욕이야 할 수 있지. 문제는
주먹질인데, 우선 주먹질을 했을 때와 하지 않았을 때로 나눠
볼 수 있겠군. 그렇다면 다른 한 쪽은 아까 그 피해자처럼 어
쨌든 참는 경우와 같이 주먹질로 맞대응하는 경우로 나눌 수
있겠지. 이걸 기준으로 해보면 되겠구나…….

류의 생각이 이어지는 가운데 멀리 아파트의 불빛이 보이

기 시작했다.

> > >

"당신, 씻지도 않고 뭐 하고 있어요?"

아내가 욕실에서 나오며 말했다. 놀란 가슴은 이제 거의 진정된 듯하다.

"잠시만, 거의 다 됐어……. 여보, 잠깐 와볼래?"

류는 운전하면서 생각했던 기준을 바탕으로 2×2 매트릭스를 그렸다. 완성된 〈표 8〉을 아내에게 보여주자 아내는 이게 뭐지 하면서 그림을 열심히 들여다보기 시작했다.

"내가 그린 게 뭘 말하고 싶은 건지 이해가 돼?"

"잠깐만…… 잠깐만요." 아내는 뚫어지게 그림을 쳐다보고 있다.

이윽고 아내의 입이 열렸다.

"아…… 아까 맞은 사람 입장에선 어떤 경우에서든 참는 게 이익이었다는 얘기네."

"그렇지. 저쪽에서 욕설을 하면서 자기한테 다가왔으니까

	가해자가 욕만 하고 폭행은 안함	가해자가 욕과 함께 폭행함
참고 말로만 대응	최선의 결과 • 별다른 큰 문제 없음	차선의 결과 • 신체적 피해 있으나 법적 조치 취할 시 유리
폭력으로 맞대응	• 화는 풀 수 있으나 민·형사상 책임 가능성	• 신체적 피해가 커질 가능성 높고, 민·형사상 동반 책임

〈표 8〉 추돌사고 후 일어난 폭행사건을 통한 2×2 매트릭스의 예

자기 입장에선 '적반하장도 유분수지' 하면서 열을 확 받았을
거라고. 그것만으로도 한 대 때리고 싶었겠지."

"맞아요. 그런데 그럼 먼저 폭행을 하게 되는 거니까, 만약
상대편이 대응하지 않으면 오히려 자기가 처벌받게 되는 거
죠."

"그렇지. 같은 이유로 상대가 먼저 폭행할 때는 맞대응하기
보다는 참고 있는 게 더 나을 수 있겠지. 맞대응하다가 일이
커지면 그냥 가볍게 때리고 맞는 데서 끝나는 게 아니라 사람
이 다치는 일이 생길 수 있잖아?"

"그러네요."

아내는 고개를 끄덕였다.

"단지 한 가지 조건이 필요하지 않을까?"

"뭔데?"

"저쪽이 한 대만 때려도 내가 죽을 만치 덩치가 큰 경우라면 일단 줄행랑을 치는 게 맞지."

아내의 말에 류와 아내 모두 크게 웃었다.

"이렇게 정리해놓으니까 어떤 선택을 해야 할지가 한눈에 바로 들어오네요. 우리 남편 대단한데? 언제 이런 걸 공부했어요?"

웃음 섞인 아내의 말에 류가 슬며시 미소 지었다.

"요 며칠 당신이 나를 본체만체했잖아. 달리 할 일도 없고 해서 공부를 좀 했지. 선생님을 모셨거든."

"혹시 여선생이야?"

아내의 목소리가 날카롭게 들려서 순간 류는 긴장했지만 미소를 머금은 아내의 표정을 확인하고서는 안심할 수 있었다.

"허허, 나보다 나이 많은 아저씨다, 아저씨."

류의 말에 아내는 빙긋 미소지었디. 다행히 아내와의 갈등이 많이 풀린 느낌이다.

일주일 후, 류와 팀원들은 우선순위화 작업을 위해 다시 한자리에 모였다. 모두들 지난 첫 번째 미팅 때와는 달리 활기를 찾은 모습이었다. 그렇지만 류는 스스로에게 당부했다. 아직 갈 길이 멀다고.

지난번 류와 팀원들은 이슈트리 분석을 통해 도출한 이슈들 가운데 재무적 효과와 실행 용이성 측면에서 분석할 필요가 있는 것을 가려냈다. 사업의 철수나 매각은 재무적 효과나 실행 용이성 측면에서 매우 낮아 제외하기로 했고, '내부 운영 효율화'와 '외부 다각화'를 통해 중국사업을 지속하는 것이 가장 현실적인 대안이라는 결론을 얻었다. 그리고 각 대안에 대한 세부 이슈를 뽑은 다음 이들을 각 팀원들에게 나누어서 분석하도록 했다. 여기까지 기억을 되새긴 류는 우선 팀원들에게 분석 결과를 발표하도록 지시했다. 각각의 세부 과제를 맡았던 팀원들이 분석 결과를 발표했고, 그것들을 정리하자 〈표 9〉와 같은 내용이 화이트보드에 그려졌다.

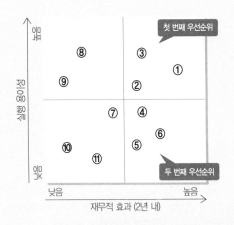

첫 번째 우선순위

두 번째 우선순위

높음 ↑ (세로축: 운영 효율성) 낮음
재무적 효과 (2년 내) 낮음 → 높음

⑧ ③ ①
⑨ ②
⑦ ④
⑥
⑩ ⑤
⑪

내부 운영 효율화 / 외부 제휴 및 다각화 아이디어

① 저가전략을 통한 시장 확대

② 유통전문 합작법인 설립을 통한 신규 판매채널 확보

③ 효율적 광고집행을 바탕으로 한 브랜드 인지도/호감도 제고 및 이를 통한 매출 확대

> 첫 번째 우선순위

④ 기존 유통망 효율화를 통한 비용 절감

⑤ 새로운 중가 브랜드 출시를 통한 신규시장 창출

⑥ 공장 부지 일부 매각을 통한 자본 효율성 제고

> 두 번째 우선순위

⑦ 추가 로컬 화장품업체의 인수를 통한 상품라인 다각화

⑧ 재고의 효율적 관리를 통한 재고비용 절감

⑨ 생산비용 질감을 통한 비용 축소

⑩ 인원 감축을 통한 인원 비용 절감

⑪ ……

〈표 9〉 아름화장품 중국사업팀의 회생을 위한 전략과제의 우선순위 리스트

화이트보드에 그려진 우선순위 가운데 제일 위에 놓인 것은 '저가전략을 통한 시장 확대'였다. 이를 보자 무대포가 들으라는 듯 큰 목소리로 말했다.

"그거 보십시오. 제가 저가전략만이 유일한 방법이라고 하지 않았습니까. 처음부터 제가 말씀드린 대로 했다면 일주일이나 허비하는 일도 없었을 거고, 다들 헛수고할 필요도 없었을 텐데 말이죠."

다른 팀원들이 류를 쳐다보았다. 류가 말문을 열려는 순간, 기획통이 류를 앞질렀다.

"무 과장님 말씀대로 가격이 최적의 대안이 될 수도 있습니다. 하지만 가격에 대해서라면 대체로 다른 업체들의 반응이 즉각 나타나지 않나요?"

무대포가 웬 트집이냐는 듯 날카롭게 반문했다.

"기 과장, 무슨 얘기죠?"

"제 말은, 비록 가격인하가 재무적 효과나 실행 용이성 분석 결과로는 가장 좋은 대안이 될 수 있다 해도, 이건 어디까지나 정태적(靜態的)인 분석 결과라는 겁니다. 이런 경우에는 우리의 움직임에 대한 경쟁사의 반응을 고려하는 동태적(動態

的) 분석을 해보는 것이 필요합니다. 그렇게 해야 더 정확하게 재무상의 효과를 판단할 수 있습니다."

"기 과장, 정태니 동태니 어려운 말 쓰지 말아요. 무슨 동태 찌개도 아니고 하나도 못 알아듣겠는데?"

무대포의 유머러스한 핀잔에 기획통은 싱긋 눈웃음을 짓더니 말을 계속했다.

"무 과장님, 가격인하가 최우선순위에 오르게 된 것은 우리만 가격인하를 하고 경쟁사는 그에 따른 조치를 취하지 않을 거라는 가정이 깔려 있는 것 아니겠어요?"

"네, 물론 그렇죠."

"그렇다면 우리가 가격을 내릴 때 경쟁업체가 가격을 내린다면, 우리 전략은 별 효과가 없는 것 아닐까요?"

무대포 과장이 짜증스러운 표정을 지었다.

"그래서 어떻다는 건가요? 경쟁사가 가격을 내리지 않을 수도 있는 거잖아요. 실제로 우리 경쟁사 상황을 봐서는 그쪽에서 먼저 가격을 내릴 가능성은 낮은 편이라 큰 문제가 없다고 보는데."

이때 신중해가 끼어들었다.

"무 과장, 그건 아닌 것 같네요. 경쟁사 측 정보에 의하면 그쪽은 우리가 가격을 내리면 언제든 맞불을 놓을 준비가 되어 있어요. 먼저 내리진 않는다 해도 우리가 내릴 땐 받아치겠다는 거지요."

논쟁이 길어지는 분위기로 이어지자 류는 2×2 매트릭스 카드를 꺼내기로 마음먹었다.

"자, 그럼 경쟁사와 우리 회사가 처한 상황을 매트릭스를 그려서 분석해봅시다."

류는 화이트보드에 2×2 매트릭스를 그리고, 한쪽 축에는 우리가 가격을 유지할 경우와 내릴 경우를, 다른 한 축에는 경쟁사가 가격을 유지할 경우와 내릴 경우를 적었다. 그리고 각각의 경우에 대해 팀원 각자가 갖고 있는 정보들을 적어 넣은 후에 타당성을 함께 토의하기 시작했다. 그리고 아름화장품이 매트릭스에 제시된 행동을 취할 때 경쟁사가 해당하는 반응을 보일 확률을 토의를 통해서 개략적으로 산출해보았다.

한 시간 정도 지난 뒤 〈표 10〉과 같은 매트릭스가 완성되었다.

화이트보드의 매트릭스를 보면서 많은 팀원들은 고개를 끄

	경쟁사 기존 가격 유지	경쟁사 저가전략 추구
자사 기존 가격 유지	기존 시장 점유율 유지 가능 (예상 확률 : 80%) • 각사 기존 상품 가격 유지 – 기존 시장 점유율 및 수익 유지 • 신규 상품 개발이나 채널 확대 등의 변수 없을 경우 기존 시장 상황 유지	경쟁사 약진, 자사 시장 점유율 감소 예상 (예상 확률 : 20%) • 경쟁사가 저가전략을 통해 시장 확대, 자사 점유율 감소 예상 • 현재 경쟁사 및 시장 상황을 고려할 때 저가전략을 추구할 가능성 매우 낮음
자사 저가전략 추구	자사 시장점유율 확대 가능 (예상 확률 : 10%) • 자사 단독으로 저가전략을 추진할 경우 점유율 확대 예상 • 시장 확대에 따른 매출 이익 가격 하락분을 초과하지 않을 경우 영업 이익 감소 • 자사의 저가전략을 경쟁사에서 방치하지 않을 가능성 매우 높음	시장 점유율 확대는 어렵고, 양사 영업 이익률 막대한 감소 예상 (예상 확률 : 90%) • 자사의 저가전략에 따른 경쟁사의 맞불작전 확률 가장 높음 • 양사의 출혈 경쟁으로 점유율 확보 어려움 • 마진 축소 및 판매량 정체에 따른 급격한 영업 이익 감소

〈표 10〉 아름화장품 중국사업팀의 저가전략에 따른 경쟁사의 대응 2×2 매트릭스

덕이고 있었고, 무대포는 다소 풀이 죽었다.

"팀장님 말씀대로 2×2 매트릭스를 그려보니까 저가전략 추진 여부와 그에 따른 경쟁사의 반응에 대한 여러 경우의 예상 결과가 일목요연하게 드러나는 것 같습니다."

알아서의 말에 신중해가 고개를 끄덕였다.

"알 대리 말이 맞아요. 우리가 취하게 될 가격인하전략의 결과가 경쟁사의 반응에 따라 다른 효과가 나타나는 것을 파

악할 수 있네요. 저가전략을 밀 때 경쟁사가 현재 가격을 유지하면 우리의 시장점유율은 올라갈 수 있지만 영업이익이 줄어들 위험이 있고, 경쟁사가 가격을 함께 내릴 경우에는 시장점유율도 확대하지 못하면서 이익만 줄어들 수 있다는 결론이 나오네요."

"그렇습니다. 우리의 우선순위화 결과만 믿고 저가전략을 추진하는 것에 어떤 위험성이 있는지는, 지금처럼 경쟁사 반응을 매트릭스를 통해 간략하게 따져보는 것만으로도 알 수 있습니다. 그런 점에서 우리의 전략에 대해 경쟁사의 대응을 함께 고려해보자는 기획통 과장의 제안이 훨씬 더 설득력이 있어요."

류가 기획통을 칭찬하자 기획통이 손을 내저으며 말했다.

"아니에요. 앞서 무 과장님께 제가 여쭤본 것은 저가전략이 잘못되었다기보다는 위험성이 있다는 것을 지적해보고 싶었을 뿐이지, 사실 저도 구체적이지는 않았습니다. 그런데 팀원들과 함께 매트릭스를 그려보니까 제 생각이 훨씬 잘 정리되었어요."

"기 과장 말대로, 저가전략 자체가 나쁘기보단 그것만을 무턱대고 추진하는 것도 문제가 있다는 데 팀원들이 인식을 같이 한 것에 의미가 있겠지요."

신중해의 말에 류가 무대포를 바라보며 말했다.

"무대포 과장, 저가전략이 중요한 고려대상이 되어야 한다는 무 과장의 초기 지적은 옳았어요. 무 과장의 경험에서 나온 통찰은 높이 사요. 하지만 이제는 왜 우리가 무 과장 생각에 굳이 안 해도 될 작업들을 해야 했는지 그 이유를 알게 됐으리라고 보는데요."

무대포는 묵묵히 듣고 있었다.

"저가전략이 당장은 손쉬운 방안이라는 것은 아마 우리뿐만 아니라 이 바닥의 다른 회사들도 다 알고 있을 겁니다. 그렇다면 그건 좀 심하게 말해서 뻔한 전략일 수 있습니다. 진부하지 않은, 새로운 전략을 만들기 위해서는 우선순위화를 통해 얻은 다른 옵션들도 함께 고려해서 틀을 짜 나가는 것이 좀 더 효과적일 거예요."

침묵을 지키던 무대포가 입을 열었다.

"네, 팀장님. 깨끗하게 인정하겠습니다. 저도 그동안 지나치게 제 경험만 믿었던 것 같은데, 이렇게 여러 가지 옵션을 일목요연하게 고려해보니까 제가 부족했던 점이 있었다는 걸 알게 됐습니다."

류가 미소를 지으며 말했다.

"무 과장, 부족하다니요. 한 배를 탄 팀 모두가 머리를 맞대고 더 좋은 해답을 찾아가는 거고, 그 과정에서 미처 생각지 못한 것을 메워주고 잘한 것은 격려해주는 게 함께 일하는 맛이죠."

무대포가 겸연쩍어 하자, 기획통이 무대포를 바라보며 말했다.

"무 과장님, 제가 무 과장님한테 어떤 말이든 편하게 할 수 있는 것도 과장님이 다 잘 받아주셔서 그런 것 아시죠?"

"얼씨구, 병주고 약주더니 이젠 비행기까지 태우시네?"

무대포가 씩 웃으며 말하자, 기획통도 다른 팀원들도 모두 웃을 수 있었다. 추진력이 있으면서 털털하고 꿍하지 않은 성격, 류가 높이 사는 무대포의 장점이다. 신중해가 무대포의 어깨를 두드리며 말했다.

"팀장님, 이럴 때는 우리 회식 한번 해야 하는 거 아닙니까?"

류가 아쉬운 듯 대답했다.

"신 차장, 이거 어쩌지? 오늘은 내가 중요한 선약이 있는 날이라서……. 대신 내일 우리 다같이 편안하게 한잔 하는 건 어떨까요? 내가 거하게 쏘겠습니다."

"그러시지요. 내일은 다들 약속 없죠?"

신중해의 말에 모두 고개를 끄덕이는 가운데 알아서가 입맛을 다시며 말했다.

"아, 이거 분위기 뜰 때 살려야 하는데……."

"알아서 대리, 팀장님도 선약이 있다고 하셨지만, 나도 오늘 저녁에 소개팅한다고 며칠 전부터 얘기했잖아. 나 때문에라도 좀 봐줘요."

기획통이 약간 홍조를 띠며 말하자, 알아서가 말도 안 된다는 표정을 지었다.

"아이구 기 과장님, 님은 여기 두고 누구한테 가시려고요? 이거 몰래 쫓아가 껌이라도 팔아야겠는데요?"

알아서의 넉살에 모두가 한참동안 웃었다.

왁자해진 팀원들을 바라보며 류는 흐뭇했다. 일단 첫걸음을 성공적으로 뗀 상황이고, 팀원들 간의 분위기도 한층 부드러워졌다. 팀장으로서 가장 즐거운 광경이다. 분명히 우리는 위기에 처해 있고 아직 할 일이 많이 남았지만, 한 번쯤은 팀원들을 마음껏 격려해주고 싶었다. 멀린 선배의 가이드에 따라 한 발 한 발 제 길을 잘 찾아 걸어가고 있는 류 자신도 다독여주고 싶었다. 창밖으로 밤하늘을 화려하게 밝히고 있는 상하이의 야경이 유난히 아름답게 느껴졌다.

체계화 >>> 쟁점을 정리해 문제의 본질을 찾아라

| 이슈트리, MECE, 2×2 매트릭스, 우선순위화 |

단계 1 _ 이슈 정의

이슈의 체계화는 풀고자 하는 문제가 무엇인지 명확하게 정의하는 것으로부터 시작된다. 정의는 구체적으로 기술되어야 하며, 이슈 해결을 위한 후속 조치의 실행으로 이어지는 것이 가능해야 한다. 아울러 의사결정권자가 주력해야 할 부분에 초점을 맞추어서 기술되어야 한다. 이러한 문제의 명확한 정의는 문제를 풀고자 하는 팀구성원들 간에 이슈를 정확하게 공유하기 위해서도 반드시 필요한 과정이다.

예) **잘못된 이슈 정의 : 현 사업부의 성과 개선을 위해서 어떻게 할 것인가?**

: 성과가 무엇을 의미하는지, 즉 매출액인지, 이익인지, 혹은 시장점유율인지 등에 대한 명확한 정의가 없으며, 기존 내부 사업에 대한 고려만 할 것인지, 아니면 신규 사업도 포함하는 것인지 등 이슈 해결의 범위에 대한 고려가 없다. 이것은 상위 수준의 추상적인 형태의 이슈 제기에 불과하다. 따라서 팀원들 간에 정확한 이슈의 공유 및 후속 조치의 실행을 위해서는 문제를 좀 더 명확하게 정의하는 것이 필요하다.

올바른 이슈 정의 : 현 사입부가 3년 후 영업이익 1,000억 원 목표를 달성하기 위해 필요한 기존 사업 부문 개선 과제 및 이의 실행 계획은 무엇인가?

: 3년 후 영업이익 1,000억 원 달성이라는 성공에 대한 분명한 기준을 제시

하고 있으며, 기존 내부 사업의 개선을 위한 과제 도출이라는 프로젝트 범위를 명확하게 보여주고 있다. 또한 개선 과제의 도출과 이의 실행을 위한 로드맵을 만드는 조치가 프로젝트의 예상 결과물(Output)임을 팀원들 모두 쉽게 공유할 수 있으므로, 필요한 조치의 실행이 가능하다.

단계 2 _ 이슈트리를 통한 세분화

문제가 명확하게 정의된 후에는 이를 효율적으로 해결하기 위해서 아래와 같이 문제를 부분으로 나누어서 분할하는 이슈트리를 만드는 것이 필요하다.

이와 같은 이슈트리를 사용하는 이유는 해결하고자 하는 문제를 부분으로 나누어 볼 수 있어 문제 해결의 완성도를 높일 수 있도록 도와주기 때문이다. 아울

러 문제 해결을 위한 팀 내의 공통된 이해가 쉽게 가능하도록 한다. 이러한 이슈트리를 만들 때 반드시 기억해야 하는 원칙이 바로 'MECE'다. 전략 컨설턴트들은 이것을 '미시'라 부르는데, 'MECE'는 영어의 'Mutually Exclusive'와 'Collectively Exhaustive'의 줄임말로 같은 단계에 있는 이슈들이 서로 배타적이어서 중복되지 않으며(Mutually Exclusive), 같은 단계의 이슈들을 다 합치면 상위 단계 이슈의 모든 측면이 포괄적으로 고려되어야 함(Collectively Exhaustive)을 의미하는 것이다.

이러한 'MECE'의 원칙하에 이슈트리를 만들어야 하는데 이를 통해서 같은 단계에 있는 서브 이슈들끼리는 서로 중복되지 않는 일관성을 유지해야 하며, 상위 이슈들의 모든 측면을 포괄적으로 고려하는 관련성을 확보해야 한다.

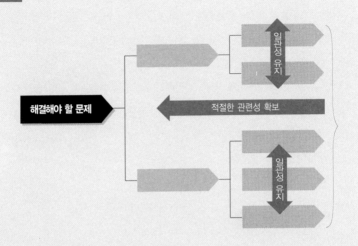

단계 3 _ 우선순위화

이슈트리를 통해 해결해야 할 문제를 세부 이슈화한 후에는 가장 핵심이 되는 주요 이슈들에 집중하기 위해 비핵심 이슈들을 제거하는 우선순위화 과정을 거쳐야 한다.

우선순위화를 위해서는 보통 아래와 같이 실행 용이성 혹은 내부 역량과의 적합성을 한 축으로하고, 재무적 효과 혹은 사업 매력도 등을 또 다른 축으로 하는 2×2 매트릭스가 가장 효과적이다.

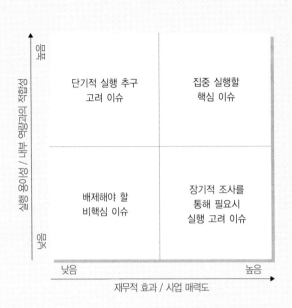

이러한 우선순위화 과정을 통해 배제해야 할 비핵심 이슈들을 걸러내고, 핵심 이슈에 대한 집중이 가능해진다. 그에 따라서 자원의 효율적 배분을 바탕으로 최적의 문제 해결에 중요한 역할을 하게 된다.

2부 >>>>>

통찰 : 문제 해결을 위한
창조적 도약

꼭 던져야 할 질문들

"직접 해보니까 어때?"

멀리 상하이의 명물인 둥팡밍주 [*]가 바라보이는 바에서 류와 마주앉은 멀린 선배가 물었다.

"꽤 효과가 좋았어요. 사실 그전에도 여러 기획안을 꾸미면서 이슈트리를 그려봤지만, 막상 MECE에 충실한 이슈트리를 작성해보니까 그렇지 않은 것과 많은 차이가 있더라고요."

류의 말에는 다소의 흥분이 묻어나오고 있었다.

"2×2 매트릭스만 해도 그래요. 그리 대단해 보이지 않았지만 어지러운 생각을 일목요연하게 보여주는 것이, 그 효과가 만만치 않다고 생각하게 됐어요."

"그래, 네가 효과를 직접 느껴보는 게 중요하지." 멀린 선배는 편안한 미소를 지으며 말을 이었다.

"하지만 너 아직 갈 길이 멀다는 거 알고 있지?"

"네, 선배. 사실 오늘 제가 한잔 사겠다고 한 건, 감사의 의미도 있지만 앞으로 더 잘 좀 도와달라는 부탁 때문이기도 해요."

"이 친구 봐라, 술 한잔 사주고 아예 컨설팅을 해달라는 거야? 너, 내가 한창때 받던 컨설팅비가 얼마인지 알아?"

어, 이 선배 꽤나 까칠하게 나오시네. 류는 약간 놀랐다. 하긴, 내심 선배가 거절할까 싶어 적잖이 걱정했었던 것이 사실이다. 그런데 가만 보니 거절하는 것은 아닌 듯하다. 바쁘다는 말이면 또 모르지만, 컨설팅비를 말한 것으로 볼 때 설마 돈을 달라는 말은 아니지 않겠는가. 류는 예전처럼 애교(?)를 부려보기로 했다.

"에이, 선배, 그렇게 말씀하시면 저는 '사부님 저를 거둬주십쇼'라고 부탁드릴 수밖에 없는데요?"

류가 싱글싱글 두 손을 모으며 말하자 멀린 선배는 질색하는 표정을 지었다.

"야, 이 녀석아. 징그럽다, 징그러워."

둘은 모두 크게 웃었다. 맥주잔을 비우며 멀린 선배가 말했다.

"넉살 좋은 건 여전하구나. 하지만 나로서는 네가 예전처럼 나를 친근하게 생각하는 게 오히려 반갑고 기분이 좋은데."

"솔직히 말해서 선배에겐 미안한 얘기지만……."

맥주잔을 비우던 멀린 선배의 눈이 동그래졌다.

"선배가 처음에 MECE 이야기를 꺼냈을 때만 해도 큰 기대를 하진 않았거든요. 선배 덕분에 좋은 걸 배웠어요."

"하하, 너 컨설턴트들이 말장난하는 것에 지나지 않는 거라고 생각했었지?"

류가 손사래를 쳤다.

"아, 아니에요. 그 정도까진 아니었어요."

"무슨 얘길 하려는 건지 알아. 예전에 컨설팅 업무를 할 때 고객들도 대체로 너와 같은 반응이었지. 그리고 사실 이제 생각해보면 이해가 되는 면도 있어."

"그게 무슨 말씀이에요?"

"컨설턴트로서 고객으로부터 듣는 가장 핵심적인 요청 사항은 '우리 회사 고유의 상황에 맞는' 해결책을 달라는 건데, 이슈트리니 MECE니 2×2 매트릭스니 하는 것들만 가지고는 사실 답이 되지는 않으니까."

류는 말없이 멀린 선배의 말을 듣고 있었다.

"그런데 회사의 상황에 딱 들어맞는 답을 내려면 몇 걸음 더 나아가야지. 솔직히 그 '몇 걸음'을 제대로 내딛는 게 무척 힘들어. 컨설팅을 할 때도 그게 참 어렵다는 생각을 했었는데, 벤처회사로 옮기고 나서 보니 그런 문제의식은 더 절실해지더라고. 아마 너도 지금 비슷한 생각을 하고 있지 않니?"

"맞아요, 선배. MECE와 2×2 매트릭스를 통해서 빠뜨린 사실이 없는지, 그리고 우선적으로 집중해야 하는 이슈가 무엇인지는 확신을 가질 수 있지만, 그걸 갖고 어떻게 요리하느냐는 건 다른 문제니까요. 지금까지 해오던 방법으로는 아무래도 좋은 결론이 안 나올 것 같아 걱정인 거죠."

"지금 우선순위화까지는 진행됐다고 했지?"

"네."

"그래, 내가 정말로 하나하나 '컨설팅'을 해주기를 바라는 건 아닐 거라고 생각해. 단지 이젠 내 조언에 신뢰를 갖고 있다고 하니까, 앞으로 네가 해나갈 것들에 대해서 간단하게 얘기해볼까 하는데……."

자, 이제 멀린 선배의 강의가 시작된다. 류는 자세를 바로하고 멀린 선배의 말에 귀를 기울이기 시작했다.

> > >

" 자료를 수집해서 분석하는 작업이 끝나면, 분석한 자료가 도대체 우리에게 어떤 의미를 가지는지 정리할 차례야. 그런 걸 보통 '시사점(Implication)을 뽑는다'고 하잖아?"

시사점 도출. 이건 류도 잘 알고 있는 것이고, 또 많은 고민을 했던 주제이기도 하다.

"그렇죠. 사실 그게 분석 작업의 핵심이잖아요."

"맞아. 그런데 뜻밖에 많은 사람들이 시사점을 제대로 찾지를 못해."

"그래요, 선배. 저도 그걸 잘 못하는 부하직원들이 많아서 골치 아플 때가 있어요. 그런데 어떻게 가르쳐야 할지 잘 모르겠어요.”

“혹시 정작 너도 잘 모르는 거 아냐?”

멀린 선배가 슬쩍 건드리듯 말하자 류가 입을 비쭉 내밀었다.

“너무 하시네……. 내가 이래봬도 우리 회사에선 시사점 도사로 통한다구요.”

“하하하, 농담이야. 근데 말이야. 어떻게 보면 실제로 네가 핵심을 정확하게 알고 있지 못하기 때문에 부하직원들을 가르치는 일이 막막할 수도 있어.”

“선배, 정말 이젠 아예 날 무시하는 거예요?”

류가 볼멘소리로 말하자 멀린 선배가 아니라는 듯 손을 저으며 웃었다. 하지만 이어지는 그의 이야기는 진지했다.

“그럼 한번 잘 들어봐. 내가 자동차 열쇠를 둔 곳도 잊어버렸고, 여권은 어디다 잘 모셔뒀는지 못 찾겠고, 내야 할 공과금 청구서도 그때그때 챙겨두지 못해서 공과금이 잔뜩 밀려 있다고 하자.”

“정말 그래요? 학교 때도 그러시더니 의외로 덜렁이시라니까…….”

“야, 말이 그렇다는 거지. 요즘은 옛날처럼 심하진 않아.”

류의 놀리는 듯한 말투에 멀린 선배는 눈을 살짝 흘기더니 말을 이었다.

"여기서 시사점을 뽑을 때 '자동차 열쇠와 여권을 잃어버렸고, 공과금 납부 마감 날짜도 놓쳤다'고 하면 그건 시사점이라기보다는 단순한 요약에 불과하지……."

이때 류가 선배의 말을 가로챘다.

"제대로 된 시사점이라고 한다면 그렇게 풀어가는 게 아니라 '그는 체계적으로 정리정돈을 하지 않는다' 정도가 되어야겠죠."

멀린 선배가 고개를 끄덕였다.

"응, 그렇지. 정답이야."

"거 보세요. 전 시사점 잘 뽑아요, 하하."

"그럼 이번엔 좀 어렵게 가볼까? 최근에 한국 정부가 서울 아파트값 상승을 막아보려고 주택담보대출 이자율을 올리거나 한 가구당 대출금총액을 제한하는 등 여러 가지 규제를 실시하기 시작했다는 사실로부터 수요자의 입장에서 넌 어떤 시사점을 뽑을 수 있을까?"

류는 그것도 쉽다는 듯 망설임없이 대답했다.

"간단하죠. 한 마디로 은행 대출받기가 어려워진 거잖아요? 그러니까 정말로 실수요자가 아니면 아파트를 사지 말든가, 만약 아파트를 산다면 다른 자금출처를 확보하든가 해야 하는 거죠."

"정말 잘하는데? 아까도 말했지만 네가 얘기한 시사점은 사실의 단순한 요약이나 정리 차원이 아니라 의미 있는 메시지를 설명하고 있다는 점에서 잘된 시사점이야."

득의만만한 표정을 짓는 류를 가만히 바라보던 멀린 선배가 물잔에 손을 가져가며 말을 이었다.

"그런데 만약에 네 부하직원이 '정부가 주택담보대출을 규제하고 있다'는 걸 시사점이라고 내놓았다면 너는 뭐라고 할래?"

"에이, 그건 시사점이 아니죠." 류는 단호하게 말했다.

"그럼 '부동산 가격이 폭락할 것이므로 이에 대처해야 한다'고 한다면?"

"그건……." 류는 고개를 갸웃거렸다. 시사점 같기도 하고 아닌 것도 같다.

멀린 선배는 물을 한 모금 마신 뒤에 말을 이었다.

"조금 전에 내가 얘기한 것들은 올바른 시사점이라고 할 수 없어. 그런데 시사점이 아니라면 왜 아닌지를 설명할 수 있어야겠지? 그 이유를 말할 수 없다면 네가 부하직원들을 제대로 가르칠 수 없을 거야."

멀린 선배의 말이 맞다. 류는 인정할 수밖에 없었다.

"자, 그럼 한번 볼까? 내가 맨 처음 얘기한 '정부가 주택담보대출을 규제하고 있다'는 말은 주택담보대출 이자율을 인상하고 가구당 대출총액을 제한하고 있다는 사실을 단순하게 포괄적으로 설명한 것에 불과해. 즉 사실을 반복해서 말한 것일 뿐 분석한 사람의 의견이 전혀 들어가 있지 않아. 이럴 땐 듣는 사람이 당장 'So What(그래서 뭐)?'이라고 물을 수밖에 없지."

'So What?'이라……. 하긴 류가 그걸 시사점이라고 생각하지 않은 이유도 마찬가지였던 것 같다. 사실을 분석한 목적이 불투명하니까 '그래서 어쩌라고?' 하는 의문이 들 수밖에 없다.

"두 번째로 말한 '부동산 가격이 폭락할 것이므로 이에 대처해야 한다'는 건 먼저 것보다 생각의 깊이가 있기는 한데, 너무 오버한 케이스랄까? 부동산 대출규제가 실시되면 주택에 대한 수요가 꺾일 것이라고 일단 결론을 내린 것까지는 좋아. 하지만 이 결론을 바탕으로 수요가 꺾이면 공급과잉이 일어나서 집값이 빠르게 떨어지고 결국 폭락으로 이어진다는 결론을 내린 게 문제지."

멀린 선배는 의자에 파묻었던 몸을 일으키며 설명을 계속했다.

"여기에는 분석한 사람이 임의로 세운 가정(Assumption)이 끼어들어 있어. 수요가 줄어든다고 자동적으로 공급과잉이 되는 건 아니잖아? 왜냐하면 수요가 줄기 전의 상태가 수요과잉상태였을 수도 있거든. 그럴 경우 급격한 상승세는 꺾일 수 있겠지만 바로 폭락으로 이어질 것이라고 보는 것은 무리라는 얘기지."

류는 고개를 끄덕였다.

"그렇죠. 수요가 줄어들게 되면 수요와 공급이 엇비슷해지거나, 만일 수요가 줄어든다 해도 그 폭이 작으면 수요가 공급을 초과하는 상황이 그대로일 수도 있겠네요."

"정확한 지적이야. 그런데 아까 얘기한 대출규제 제도들만으로는 지금 우리가 얘기한 내용을 파악할 수가 없거든. 그러면 공급과잉이란 결국 사실 분석을 바탕으로 내린 결론이 아니라 그저 '자기 마음대로 내린 가정'에 근거한 것일 뿐이라구."

그렇구나. 류는 자신도 앞에서 '부동산 가격폭락'을 듣고 왜 마뜩치 않았는지 그 이유를 알 것 같았다.

"그런데 이 가정을 아예 사실로 전제를 하고서, 그러니까 공급과잉이 일어난다고 전제해버린 다음에 집값이 폭락한다고 말하는 건 가정을 바탕으로 내린 결론이니까 역시 가정에 불과한 거지. 그러면 듣는 사람은 'Really(정말 그런 거 맞아)?'라고 물을 수밖에 없는 거고."

조금 전에는 'So What?'이더니 이번엔 'Really?'라. 류는 멀린 선배의 말에 귀를 기울였다.

"요컨대 제대로 된 통찰을 하려면 'So What?'이라는 질문과 'Really?'라는 질문을 계속 던져봐야 해. 네 부하직원들과 토론할 때도 이 두 질문만 적절히 활용하면 그 친구들이 제대로 된 시사점을 뽑을 수 있도록 네가 이끌어나갈 수 있을 거야……."

이번에도 선배는 자기 앞에 다시 채워진 맥주잔의 김이 쏙 빠질 때까지 이야기를 계속했고, 그 얘기를 몰입해서 듣던 류

앞에는 전처럼 몇 장의 메모지가 남았다.

그 메모들을 바라보며 류가 말문을 열었다.

"선배 이야기대로라면 '딱 들어맞는' 것들을 뽑아내기 위해서는 우선순위를 정하는 것으로만 끝나서는 안 된다는 거군요."

"그래, 사실 모든 것을 빠짐없이 고려할 수 있도록 체계화하는 건 출발일 뿐이지. 그리고 그건 이슈트리나 MECE, 그리고 2×2 매트릭스를 잘 활용해서 체계화하는 훈련을 꾸준히 한 사람에게는 그리 어려운 일이 아니야. 하지만 아까 얘기했듯이 거기서 몇 걸음 더 나아가야지. 그러니까 '통찰'을 발견하는 건 어찌 보면 완전히 새로운 문제고, 사실상 보고서의 수준과 일의 성패를 좌우할 수 있는 것이지."

"정말 딱 들어맞는 것을 찾을 수 있을까요?"

"그거야 너와 너희 팀원들에게 달린 거지. 하지만 네가 기획안을 안 만들어본 게 아니니까, 아마 내가 알려준 방법을 활용하면 잘할 수 있을 거야. MECE나 2×2 매트릭스를 네가 알고 난 다음에 팀 미팅을 훌륭하게 리드할 수 있었잖아. 이번에도 자신감을 가지라고."

멀린 선배는 류의 어깨를 가볍게 두드리며 말을 이었다.

"그럼 '통찰'이 다 끝날 때쯤 연락해라. 한 3~4주 후가 되겠구나. 그때 마지막 남은 수업 하나도 마저 해야지."

"하나밖에 없어요?"

류가 능청스레 웃으며 묻자 멀린 선배가 류의 머리를 한 대 쥐어박았다.

"야, 하나면 충분해."

그러더니 다시 진지한 표정으로 멀린 선배가 말을 이었다.

"오늘까지 이야기한 건 '체계화'와 '통찰'에 관한 내용이었지? 다음에는 '전달'을 검토해야겠지. 그러면 '몇 걸음 더'가 마무리된다고 할 수 있을 거야."

체계화, 통찰, 전달이라……. 류는 갸우뚱한 표정으로 생각에 잠겼다.

"무슨 소린지 잘 모르겠다는 표정이구나. 하지만 조금만 기다려. 그건 그때 가서 말해줄 테니까……. 아, 김 다 빠졌네."

목이 마른 듯 맥주를 마시던 멀린 선배가 갑자기 인상을 찌푸렸다. 김빠진 맥주 때문이겠지.

"그런데 산소가 부족한 동네에 있다 오면 머리가 잘 돌아가

려나 모르겠다."

다시 물잔으로 손을 가져가던 멀린 선배가 어깨를 으쓱하며 말했다.

"어디로 가시길래 산소가 부족해요?"

"티베트 고원 쪽이야. 이번에 새롭게 개통한 칭짱(靑藏) 열차 _{중국 서부 칭하이(靑海)성의 시닝(西寧)과 티베트 자치구의 주도 라싸(拉薩)를 잇는 1,956킬로미터의 열차노선 평균 해발고도가 4,500미터에 이르는 세계 최고 높이의 고산철도로 달림} 를 타고 가려고 해."

"아, 하늘열차라고 하는 거요? 그거 예약하려는 관광객들의 줄이 장난이 아니라던데. 표 구하기가 힘들지 않았어요?"

"당 간부 한 사람이 힘을 좀 써줬지. 사실 중국정부 입장에선 서부개발이 지역 간 불균형 해소 차원에서 중요한 문제잖아. 티베트는 더군다나 민족문제가 얽혀 있어서 중앙정부의 관심이 많으니까, 티베트 사람들의 경제적 자립을 돕는 일에 관해서는 여러 가지 편의를 많이 봐주더라."

"좋으시겠어요. 기차로 하늘을 달리는 기분이라던데…….
그럼 제가 산소통이라도 사드릴까요? 선배 머리가 잘 돌아가지 않으면 제가 나중에 큰일이잖아요."

류가 계산서를 집어들며 말하자 멀린 선배는 껄껄 웃었다.

"야, 내가 설마 산소통까지 필요하겠니? 그리고 필요하면 기차에서 산소통을 나눠준다더라. 어쨌든 잘 갔다 올 테니까 걱정 마."

 같은 사실, 다른 결론

뿌옇던 상하이의 하늘이 오늘 아침은 모처럼만에 맑다. 반면 류는 머리가 무겁다. 전날의 회식 탓이다. 오랜만에 팀원들과 웃으면서 기분 좋게 취할 수 있었다. 하지만 숙취 때문에 머리가 깨질 것만 같다. 술을 즐기지만 류가 과음을 피하는 이유였다.

사실 어제는 팀의 운명이 달린 보고서를 향해 큰 걸음을 내디딘 것을 자축하는 자리였다. 그러나 아직 갈 길이 멀다. 여기에서 만족감에 도취하다간 십중팔구 짐을 싸서 서울로 돌아가야 할 판이다. 류뿐만 아니라 다른 팀원들의 커리어에도 치명적인 오점으로 남게 된다. 이제 겨우 '체계화' 작업을 마쳤는데 이젠 '통찰'의 길로 들어설 때다. 그저께 멀린 선배가 말하지 않았던가. 제대로 된 보고자료를 만드는 것은 결국 이슈와 자료를 분석하는 '통찰'의 수준에서 좌우된다고.

멀린 선배의 말을 떠올리다보니 어느덧 회사에 이르렀다. 류는 어느 때처럼 계단을 걸어오르기 시작했다. 한 계단씩 밟으며 류는 생각에 잠겼다. 오늘은 팀 보고서의 결론을 위해 어제까지 정리한 전략 대안들로부터 시사점을 도출해야 한다. 제대로 된 시사점을 뽑아내야 그에 따라서 현실적이면서도 새로운 시각의 결론이 나올 수 있을 텐데, 실제 회의에서 'So What?'과 'Really?'를 적절히 활용할 수 있을지 마음이 초조했다. 다행히 숙취로 아팠던 머리가 조금씩 맑아진다.

'그래, 우리 팀 보고서는 이제부터 시작이다.'

그렇게 사무실 문을 힘차게 열고 들어섰는데, 무슨 일인지 직원들 사이에서 고성이 들려왔다.

"무슨 일이죠?" 류가 의아한 표정으로 묻자, 신중해가 다급히 말했다.

"팀장님, 큰일났습니다. 가 상무 쪽에서 우리를 공격할 자료를 준비하고 있다고 합니다."

흠, 역시 가일이 움직이고 있었다. 그러고도 남을 사람이었다.

"뭐 큰 문제 있겠어요? 저쪽은 우리 보고서 내용도 모르잖아요."

"저, 그게…… 우리 분석 자료가 그쪽으로 넘어간 듯합니다."

신중해의 말에 류는 놀란 표정을 지었다.

"뭐? 그게 어떻게 된 일이죠? 우리 분석 자료는 지금 우리 팀원들 외에는 알 수가 없을 텐데."

알아서가 기어들어가는 목소리로 말했다.

"실은 며칠 전 해외사업본부에서 자료 요청 연락이 왔었습니다. 그때 그간의 자료를 보냈었는데……."

"아니, 잠시만." 류가 말을 끊었다.

"어떤 경로로 요청을 받은 거죠, 알 대리?"

"사실은 공식 요청은 아니었고, 본부에 있는 동기가 비공식적으로 요청했던 겁니다. 내부에서 중국사업 스터디를 진행 중인데, 시장 상황 전반에 대해 참고할 자료가 필요하다고 해서……. 팀장님, 죄송합니다. 하지만 전 이런 결과가 올 줄은 정말 몰랐습니다."

류는 미간을 찌푸렸다. 이건 가일이 기획한 일이 맞다. 가일은 자료를 빼낼 때 보통 데리고 있는 직원의 개인적 관계를 파고든다. 더구나 알아서가 입사 동기들 사이에서 의리 있기로 꽤 알려져 있는 친구라는 것도 고려했을 것이다.

"야, 이 바보 같은 친구야. 그런 걸 다른 선배사원들한테 묻지도 않고 자네가 맘대로 처리하면 어떻게 해?"

무대포가 소리를 질렀고, 알아서는 고개를 더 떨구었다. 하지만 류는 담담한 표정을 짓고 있었다.

"괜찮아요. 같은 사실(Fact)을 가지고도 얼마든지 다른 결론이 나올 수 있어요."

류의 차분한 어조에 무대포와 알아서가 놀란 듯 반문했다. "네?"

"사실관계를 면밀하게 조사하는 것도 중요하지만, 그것으로부터 우리에게 유용한 시사점을 뽑아내는 것이 더 중요합니다. 아직 정작 중요한 것은 가 상무 쪽이 빼내지 못한 셈이니까 걱정할 필요 없어요."

알아서가 안도의 한숨을 살짝 내쉬었다.

"하지만 알 대리, 다음부터는 조심!"

류의 당부에 알아서는 머쓱한 표정으로 머리를 긁적였다.

"으이그, 팀장님이 봐주셔서 나도 꿀밤 한 대로 그냥 넘어간다."

무대포가 알 대리의 머리를 쥐어박자 모두들 가볍게 웃었다. 하지만 그 가운데에도 류의 자신만만한 모습에 팀원들은 궁금증 어린 시선을 보내고 있었다.

'후후, 이런 시선을 받고 있자니 마치 마법사라도 된 기분이군. '멀린의 마법'이 내게도 가능할까?'

류는 기대 반 우려 반의 심정으로, 지난 2주간에 걸친 팀원들의 전략대안분석을 검토하기 위해 회의실에 들어섰다.

> > >

"중간 가격대 화장품시장은 현재 과거 3년간 연평균 8퍼센트 성장을 해왔으며, 향후에도 10퍼센트 이상 성장이 예상됩니다."

류와 팀원들은 우선순위가 높은 전략대안들에 관해 검토하고 있다. 지난 2주일간 팀원들은 류의 지시에 따라 할당받은 전략대안에 대한 분석과 시사점 도출을 진행해온 터였다. 지금은 신규 중간 가격대 브랜드 출시에 관해 분석을 담당했던 알아서가 분석 결과에 대해 이야기하고 있다.

알아서는 자신의 발표를 경청하고 있는 팀원들을 둘러보며 말을 이었다.

"경쟁 현황을 보면 현재 4개사가 전체 시장의 70퍼센트 이상을 차지하고 있으며, 가장 큰 경쟁사인 베이징 화장품의 경우 점유율이 시장의 30퍼센트 이상입니다. 고객들의 경우 가격 위주로 화장품을 선택하는 소비자가 가장 많은 것으로 나타났습니다."

"그렇군요. 그럼 알 대리가 생각할 때 현재 중간 가격대 시장은 매력적인 시장인가요?"

기획통이 묻자 알아서는 기다렸다는 듯 답변했다.

"과거 성장률이나 향후 예상 성장률 등을 고려해보면 기회가 많은 시장이라고 볼 수 있을 것 같습니다."

"이봐요, 알 대리. 볼 수 있을 것 같다는 얘기는 도대체 뭐죠? 기회가 많다는 얘긴가요, 아니라는 얘긴가요?"

무대포의 한 마디에 알아서가 움찔했다.

"무 과장 말이 맞아요. 일부러 모호하게 얘기할 필요는 없으니까……."

류가 웃으며 무대포를 거들자 알아서는 큰 목소리로 말했다.

"네, 기회가 많, 습, 니, 다!"

"허허, 그렇다고 갑자기 그렇게 단정적으로 말할 것까지야……."

신중해가 너털웃음을 짓자 알아서가 곤혹스러운 표정을 지었다. 하긴, 어느 장단에 춤을 추라는 말인지 헛갈릴 수도 있겠다.

"아무튼 이건 됐고, 아까 알 대리가 이야기한 업계 경쟁 현황을 보면 확고한 선두업체가 있고, 몇 개 업체가 나머지 파이를 나누어 경쟁하고 있는 상태인데……. 그렇다면 신규업체가 들어가서 성공하기 쉽지 않은 상황이잖아요. 알 대리는 어떻게 보는 거죠?"

신중해의 질문에 알아서는 인정한다는 듯 고개를 끄덕이며 말했다.

"글쎄요. 경쟁 쪽만을 본다면 신중해 차장님 말씀대로 쉽지 않은 측면이 분명히 있습니다."

"현재 경쟁사들은 모두 로컬업체예요? 아니면 외국업체도 있나요?" 무대포가 물었다.

"예, 아까 말씀드린 4개사 외에 현재 3개사가 더 있습니다. 총 7개사가 통계상에서 유효한 수치를 나타내는 주요 업체입니다. 이중 5개사가 로컬업체이고, 2개사가 외국계업체고요. 그밖의 업체의 경우에는 점유율이 아주 미미한 로컬 중소업체들이라서 별다른 통계자료가 없습니다."

이번엔 류가 나섰다.

"그럼 시장점유율 확대를 위해서 각 업체들이 주로 어떤 일들을 하고 있지요?"

"아…… 예, 현재 주요 업체인 상위 4개사 중 3개사가 로컬업체인데 시장점유율 확대를 위해서 매우 치열하게 싸우고 있습니다. 최근에는 무료경품 제공, 파격적인 할인 등의 출혈경쟁도 마다하지 않는다고 합니다."

"그렇다면, 우리와 같은 신규업체가 들어가서 경쟁한다고 가격전쟁에 말려들었다가는 엄청난 손해만 보고 나오기 십상이겠네요?"

"예, 그럴 가능성도 상당히 있을 것 같습니다."

알아서는 기회가 많은 시장이라고 말을 했던 것과 전혀 다른 대답을 하게 된 것에 대해서 민망한 듯 잦아드는 목소리로 답했다.

이 친구, 결국 자기모순에 빠지는군. 그럼 이제 'So What?'을 꺼내들 차례가 된 건가. 류가 말문을 열었다.

"생뚱맞게 들릴지 모르지만, 난 지금 알 대리에게 'So What?'이라고 묻고 싶어요."

"네?" 알아서의 눈이 커졌다.

"알아서 대리 이야기는, 시장 트렌드를 봤을 때 중간 가격대 브랜드 시장은 매력적이긴 하지만 경쟁이 치열하다 못해 가격, 판촉 측면의 출혈 상황이라는 것으로 요약되지요?"

"네, 그렇습니다만……."

"그럼 그래서 뭐가 어쨌다는 거지요(So What)? 우리가 중간 가격대 시장에서 새로운 브랜드를 내놓아도 될 만큼 기회가 많은 시장이라는 건가요, 아닌가요?"

알아서는 당황한 표정으로 류를 멀뚱멀뚱 쳐다만 보고 있었다.

"대답을 못하네요. 자, 알 대리가 지금 대답을 못하는 이유는, 자료를 분석한 뒤에 'So What?'이라는 자문을 해보지 않았기 때문일 거예요."

"……."

"알 대리, 우리가 분석이나 정리를 하는 이유를 뭐라고 생각해요? 우리에게 도움이 되는 시사점을 끌어내기 위해서 아닐까요?"

"네, 그렇습니다."

"그런데 지금 알 대리가 정리한 자료에는 중간 가격대 시장의 매력도와 관련된 시사점이 없어요. 즉 자료 분석의 목적은 정작 온 데 간 데 없고 그저 분석 내용이 나열되었을 뿐이란 거지요."

"……."

"알 대리가 목적을 잃어버리고 자료 분석 결과만 나열해놓다 보니, 팀원들과 이야기하다가 결론이 왔다갔다 하는 현상이 생기는 거지요. 앞에서는 브랜드를 출시해야 한다는 방향으로 흐르는가 싶더니, 지금은 그렇지 않다는 결론에 도달하지 않았나요?"

"아……." 알아서가 무언가를 깨달았다는 듯 작은 탄성을 질렀다.

"자, 어찌됐든 알 대리의 분석 자료들을 다시 정리해보면 분명히 의미 있는 결론이 나올 거라고 생각해요. 그럼, 함께 생각해봅시다."

류가 자세를 고쳐 앉으며 말했다.

"아까 소비자들이 가격 위주로 화장품을 고른 경우가 가장 많다고 했죠? 전체 고객을 대상으로 한 결과인 것 같은데, 내 생각에는 고객들을 좀 세분화해서 조사한 자료가 있다면 더 좋을 텐데요. 혹시 중국 소비자들을 대상으로 한 리서치 자료 중에서 로컬업체 제품을 사는 고객과 해외업체 제품을 사는 고객을 나누어서 조사한 자료가 있나요?"

"음, 어디선가 본 것 같아요. 잠시만 기다려 주십시오." 알 아서는 자료를 급하게 뒤적였다.

"휴, 여기 있습니다. 말씀하신 대로 소비자를 로컬업체 제 품을 주로 구매하는 부류와 해외업체 제품을 주로 구매하는 부류로 나누어서 조사한 자료입니다. 음…… 이 자료를 보니 까 현재 고소득층은 외국계 명품 브랜드 위주로 소비를 하고 있고, 중산층 소비자들의 경우에는 주로 중간 가격대 화장품에 대한 니즈(Needs)가 높은 것으로 나타났습니다."

알 대리가 말을 잠시 멈추고 심호흡을 했다.

"자료에 따르면, 중간 가격대 화장품에 대한 니즈가 강한 중산층 고객들은 다시 로컬 브랜드를 선호하는 그룹과 해외 브랜드를 선호하는 그룹으로 나뉩니다. 로컬 브랜드를 선호하는 소비자들은 구매 시 가격에 대한 고려가 매우 높은 반면, 한국을 포함한 외국계 화장품 회사에서 나온 제품을 주로 구매하는 소비자들의 경우 중간 가격대라 하더라도 브랜드를 가격보다 약간 더 중시하는 것으로 설문조사 결과 나타났습니다."

"그 조사 결과에 대해서 통찰력을 가지고 들여다보면 시장의 경쟁 상황만을 들여다본 것과는 조금 다른 시사점 도출이 가능하겠는데요?"

류의 말에 알아서가 멈칫했다. 이때 기획통이 말했다.

"방금 알 대리가 중간 가격대 화장품의 주고객층 가운데도 외국계 화장품을 주로 구매하는 고객군은 브랜드에 대한 고려가 상당히 있다고 했잖아요. 그렇다면 경쟁이 치열하다고 해도 브랜드에 대한 광고나 홍보를 통해 프리미엄 이미지를 부각시킬 경우, 기존 로컬 경쟁사와는 차별화된 새로운 시장

형성이 가능하지 않을까요?

"동의합니다. 기 과장이 지적한 내용을 요즘 유행하는 말로 표현하면 소비자들 마음에 우리 제품의 이미지를 매스티지

_{Mastige. 대중을 뜻하는 매스Mass와 고급스러움을 뜻하는 프레스티지Prestige를 합친 말로 충산층 소비자를 대상으로 한 비교적 저렴한 고급품을 일컬음} 제품으로 새기는 전략이라고 할 수 있겠지요. 그렇게 된다면 시장 점유율을 높일 수 있으리라 생각해요"

류가 거들자 알아서는 고개를 크게 끄덕였다.

"고객의 니즈를 세분화해서 그걸 바탕으로 분석해볼 생각은 못했습니다. 그 부분을 추가로 고려하면 더 좋은 분석이 될 것 같습니다."

정곡을 찔러준 기획통과 미흡함을 깨끗이 인정하는 알아서에게 미소를 지으며 류가 자리에서 일어섰다.

"알 대리가 각 분야의 자료를 모으고 정리한 것은 잘했다고 봐요. 하지만 정작 그러한 분석을 하고 있는 목적에 대해서는 충분한 숙고가 부족했지요."

류는 화이트보드에 다가가 '통찰'과 '시사점'이란 단어를 적고는 말을 이었다.

"우리가 이러한 자료를 모아서 분석하는 이유는 통찰하는

과정을 통해 우리에게 의미가 있는 시사점을 만들어내기 위해서죠. 다시 한 번 말하지만 자료를 모으고 분석하고 정리하는 것 자체가 목적이 아닙니다."

말하는 도중 잠시 알아서를 쳐다보니 언제부터인가 열심히 메모를 하고 있다. 그렇다. 항상 배우려는 저런 태도가 저 친구의 장점이지……. 잠시 흐뭇해하던 류는 화이트보드에 다시 'So What?'을 적은 뒤 팀원들을 바라보았다.

"자, 다른 분들도 마찬가지입니다. 시사점을 뽑을 때는 항상 'So What?'을 생각하세요. 우리의 목적이 무엇인지를 새겨보면서 모든 분석에 대해 '통찰'하기 위해서는 'So What?'만큼 좋은 질문은 없을 겁니다."

알아서는 노트에 적어놓은 'So What?'에 밑줄을 그었다. 지금까지는 상사에게 보고할 때 자신이 조사한 방대한 자료를 최대한 자세하게 전달하는 것이 가장 중요하다는 생각을 갖고 있었다. 그런데 정작 중요한 것은 자료 자체가 아니라, 그 자료가 담고 있는 의미였다. 어찌 보면 너무나 상식적인 이야기지만, 왜 여지껏 누구도 그것을 콕 집어주질 않았던 것일까? 큰 것 하나를 배웠다는 생각에 알아서는 마음이 뿌듯했다.

잠시 휴식을 가졌던 팀원들이 하나둘씩 회의실로 다시 모이기 시작했다. 이번엔 '유통전문 합작법인 설립을 통한 신규 판매채널 확보' 과제를 맡았던 무대포의 차례다.

회의실 문 밖에서 무대포의 목소리가 들렸다.

"알 대리, 문 좀 열어줘!"

알아서가 문을 열자 출력물을 한아름 안고 서 있는 무대포가 눈에 보였다.

"무 과장님, 자료가 무척 많네요……."

기획통은 벌어진 입을 다물지 못했다.

무대포는 땀을 닦으며 말했다.

"요 며칠 이 자료들을 모으느라 엄청 고생했습니다. 여기저기 아는 친구들한테 자료 부탁하느라고 밥값도 많이 들었고요. 일을 제대로 하려면 인맥이 중요하잖아요."

이때 류가 회의실에 들어왔다.

"무 과장, 기분이 좋아 보이네요."

무대포가 의기양양하게 말했다.

"네, 팀장님. 이제 제가 발표할 차례인데, 기대해주십시오."

무대포는 류가 자리에 앉기를 기다렸다가 보고를 시작했다. 헛기침을 몇 번 하는 무대포의 표정은 자신만만했다.

"지난번 우선순위화 회의 이후 제가 맡아서 진행했던 부분에 대한 조사 자료를 지금 나눠드렸습니다. 먼저 3페이지를 펼쳐주세요……."

무대포의 말에 모두들 자료의 페이지를 넘기기 시작했다. 무대포는 자신이 준비한 자료 가운데 중요한 포인트를 하나씩 하나씩 설명하기 시작했다. 무대포의 설명이 이어지는 가운데 페이지 넘기는 소리가 분주하게 들렸다.

"무 과장, 자료 준비하느라 고생한 건 알겠는데, 이제 본론 이야기를 하는 건 어떨까요?"

류의 말에 무대포가 미소를 지으며 답했다.

"네, 팀장님. 서론은 다 끝났고요, 이제 본론으로 들어가겠습니다. 그럼 45페이지를 펼쳐주시죠."

모두들 페이지를 바쁘게 넘겼다.

"자료에서 보실 수 있듯이 현재 중국 내 화장품시장 자체는 연 10퍼센트씩 성장하고 있으며, 주요 화장품 판매채널은 백화점이 40퍼센트, 대리상(代理商)이 15퍼센트, 약국 8퍼센트 등으로 구성되어 있습니다."

무대포는 물을 한 모금 마시고 말을 이었다.

"따라서, 전체 채널에서 가장 높은 비중을 차지하는 백화점이 가장 중요한 채널이므로, 우리 역시 백화점에 총력을 기울여야 한다고 봅니다. 이래야만 약국처럼 우리가 과거에 다루지 않았던 새로운 채널에 진출한다 하더라도……."

이때 신중해가 질문을 던졌다.

"잠깐 무 과장, 말을 끊어서 미안하지만 지금 중국 화장품 시장 채널에서 백화점이 40퍼센트로 제일 높기 때문에 중요한 채널이라고 했는데, 중국에서 원래부터 백화점이 제일 중요한 채널이었나요?"

"아, 예…… 제 생각에는 현재 일단 가장 높은 비중을 차지하고 있기 때문에 중요한 채널이라고 말씀드렸던 겁니다."

"그거야 지금 채널 현황만을 보면 누구나 알 수 있는 사실인데, 과거 추이나 향후 전망 등에 대한 조사는 해봤나요?"

"일단 현황 자료에 집중하다 보니 거기까지는 파악을 못했습니다."

"그럼 무 과장은 그저 현재 상황만을 보고 거기에 주력하자고 말하는 건가요? 그건 아까 알 대리 발표 때 팀장님이 말씀하신 것처럼 단순히 사실을 늘어놓은 것과 다르지 않아 보이는데."

"……."

"무 과장님, 제가 다른 소스를 통해 들은 바에 따르면 백화점 채널 비중이 계속 줄어드는 반면에 오히려 대리점이나 약국 같은 신규 채널 비중이 늘고 있다고 합니다."

기획통의 말에 무대포가 다소 풀이 죽은 듯 말했다.

"아 글쎄요……. 거기까지는 제가 파악하지 못했습니다."

신중해의 질문이 이어졌다.

"그리고 향후 추이에 대한 예측은 해봤어요?"

무대포는 날카로운 질문들이 이어지자 변명하기에 급급한 표정이었다.

"향후 추이에 대한 마땅한 자료도 없고 해서요……."

류가 나섰다.

"무 과장, 과거 추이나 향후 예측치를 봐야 앞으로 늘어날 채널에 집중할 수 있지 않나요? 현재 상황만 보고 채널에 투자했다가 해당 채널 비중이 계속 줄어들면 어떡하지요?"

"······."

대답이 없는 무대포를 뒤로 하고 류는 화이트보드를 향해 걸어가면서 말했다.

"자, 지금 무 과장이 내 질문에 대답하지 못하는 이유를 생각해봅시다. 현재 백화점 채널 비중이 높으니까 백화점 채널에 집중하자는 것은, 뒤집어보면 백화점 채널에 투자하자는 근거가 그저 현재 백화점 채널 비중이 높다는 건데, 이게 근거나 이유로서 충분하다고 생각하나요?"

"그렇지 않습니다." 무대포는 고개를 저었다.

"무 과장이 선뜻 대답하지 못한 이유가 있을 거 같은데요. 요컨대 백화점 채널 투자를 권고하는 이유로 현재 채널 비중이 높다는 결론에 대해 자기 스스로도 '정말(Really)?'이란 의문이 지금 발표 중에 떠오른 건 아닌가요?"

류는 화이트보드 앞에 서서 팀원들을 향해 말했다.

"내가 보기에는 무 과장의 제안에는 논리적인 비약이 있어요. 논리적으로 비약이 있는가를 따져보기 위해서는 분석 내용이 결론의 근거로서 충분한지, 즉 그런 결론이 가능한 게 정말 타당한 것인지 스스로 묻는 것이 필요합니다. 자료를 많이 준비하기는 했지만, 정작 결론을 뒷받침해줄 수 있는 자료가 별로 보이지 않는 것도 아쉽고요."

무대포가 머리를 긁적이며 대답했다

"팀장님 말씀은 잘 알겠습니다. 비약이 있었던 점도 수긍합니다. 그런데 제가 자료 조사에 많은 시간을 투자했음에도, 앞으로의 시장을 예측할 수 있을 만한 자료를 구하는 것이 쉽지 않았습니다. 그건 여전한 문제인데, 어떻게 풀어가야 할지 난감하네요."

무대포가 곤란함을 호소하자 류가 빙긋 웃으며 말했다.

"만일 정말 향후 예측 관련 자료가 없었다면, 예를 들어 중국의 현재 경제 수준과 비슷했을 당시의 다른 아시아 국가들, 우리나라나 일본의 경우를 벤치마킹해서 예측해볼 수도 있을 것 같은데요? 꼭 중국시장 관련 자료에만 한정할 필요는 없잖아요."

"아, 그렇군요." 무대포가 무릎을 탁 치며 말했다.

"거기까지는 생각하지 못했습니다, 팀장님. 좋은 방법이군요."

"그래요. 뭔가 막힌 듯할 때 다른 동료들이나 나와 상의했더라면 좋았을 텐데."

"하지만 늦었다고 생각할 때가 가장 빠를 때라는 말도 있지 않습니까, 팀장님?" 무대포의 넉살에 모두들 너털웃음을 지었다.

"맞아요, 무 과장. 어차피 지금 우리가 모여서 이야기하는 건 누구를 비난하고, 비판하자는 게 아니라 함께 좀 더 나은 방안을 찾고자 하는 거니까요."

류는 다시 팀원 모두를 둘러보며 말했다.

"하여간 자료 조사 및 분석을 할 때 사실에 대한 조사도 중요하지만, 더욱 중요한 것은 그러한 사실에서 우리에게 필요한 시사점을 찾아내는 겁니다. 그걸 위해서는 앞서 말한 대로 늘 자료를 수집한 후에 스스로 'So What?'과 더불어 'Really?'라고 자문하는 것이 필요해요. 요컨대 '그래서 우리에게 필요한 시사점은 대체 무엇인가?'를 늘 고민해야 한다는 거지요."

화이트보드에 다시 'So What?'과 'Really?'를 크게 적은 류는 말을 이었다.

"오늘 무대포 과장의 발표를 평가하자면, 조사한 사실들이 단순히 나열되어 있기도 하고 결론에 비약도 있어요. 조사한 자료를 다시 검토해서, 지금 내가 이야기한 질문에 대한 답을 준비해주세요."

"넷, 미팅이 끝나는 대로 즉시 보완하겠습니다." 무대포의 목소리에 힘이 넘쳤다.

"근데, 팀장님. 우리 밥 먹고 하시죠!"

"어, 벌써 시간이 그렇게 됐나?" 류가 놀란 표정으로 시계를 보며 말했다.

"이 사람, 보완하겠다는 말보다는 밥 먹자는 말에 더 힘이 가 있구만!"

신중해의 말에 모두가 왁자하게 웃었다.

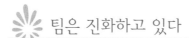 팀은 진화하고 있다

대개 식사 후의 미팅 분위기는 둘 중 하나다. 밥으로 충전된 에너지 덕에 활력이 넘치는 경우가 있고, 밥으로 채워진 위장의 포만감 때문에 눈꺼풀이 천근만근 무거워지는 경우가

있다. 물론 대개는 후자다. 오늘도 역시 후자에 가까운 분위기임을 감지한 류는 긴장감을 높이기 위해 사무실의 '넘버 투'인 신중해가 발표해줄 것을 부탁했다.

"자 그럼, 오후 미팅은 신중해 차장이 맡았던 부분부터 시작해볼까요?"

신중해는 '효율적 광고를 통한 브랜드 인지도/호감도 제고'를 분석했다. 아름화장품의 중국 진출 이후 지금까지 브랜드 관련 업무를 챙겨 왔던 사람답게 브랜드와 관련한 다양한 자료를 바탕으로 설명을 진행했다.

"우리 회사와 경쟁사 간 브랜드 파워 비교를 위해서 우선 브랜드 인지도 관련 자료부터 분석했고, 보시는 차트(표 11)는 그 결과입니다."

말을 잠시 쉰 신중해가 차트를 가리키자, 팀원들 사이에서 술렁이는 모습이 보였다. 그도 그럴 만했다. 아름화장품에 대한 브랜드 인지도가 이렇게 낮을 줄은 미처 짐작하지 못했기 때문이다.

"신 차장님, 이 데이터의 출처는 어떻게 되나요?" 알아서가

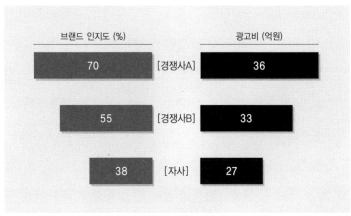

브랜드 인지도 (%)		광고비 (억원)
70	[경쟁사A]	36
55	[경쟁사B]	33
38	[자사]	27

〈표 11〉 아름화장품과 경쟁사 간 브랜드 인지도 및 광고비 지출 비교

물었다.

"최근에 경쟁사가 지역 내 소비자를 대상으로 시장현황조사를 했어요. 이런저런 방법을 통해 그 결과를 구한 겁니다."

"역시……. 신 차장님 네트워크는 저도 못 따라간다니까요." 무대포가 감탄한 듯 말했다.

"그런데 결과가 좀 충격적입니다. 3년 전에 우리가 소비자조사를 했을 때와 별 차이가 없다는 게 말이죠. 그동안 열심히 뛰었어도 지지부진했던 이유가 바로 이거였던 건지, 원."

차트에 잠시 시선을 던진 신중해는 이어 팀원들을 둘러보며 말을 이었다.

"브랜드 인지도가 저조한 원인에는 여러 가지가 있겠지만, 현재까지 진행한 분석 결과를 볼 때 가장 설득력 있는 원인은 광고비인 것으로 파악됩니다."

신중해는 차트의 오른쪽 막대그래프를 가리켰다.

"오른쪽에 있는 광고비 자료에서 볼 수 있듯이 우리 회사의 광고비 지출이 가장 낮습니다. 따라서 광고비 지출을 현재보다 최소 30퍼센트 이상 늘려야 하며, 그래야 우리 회사의 브랜드 인지도를 제고할 수 있는 최소한의 기반이 마련될 겁니다."

신중해가 말을 마치자, 팀원들이 모두 고개를 끄덕였다. 인지도가 낮다는 사실에서 광고비 지출을 대안으로 제시한 것은 'So What?'의 측면에서 볼 때 적절해보인다. 게다가 중국 사업팀의 광고비 지출 수준이 미약한 것은 사실이고 이에 대한 개선이 필요하다는 것은 이전에도 한두 차례 거론된 바 있다. 그러다보니 팀 내에서는 별다른 이의를 제기하지 않는 것이다. 하지만 사장도 이렇게 고개를 끄덕이며 넘어갈까?

류는 'Really?'의 관점에서 살펴보기로 했다.

"그럼 신 차장 이야기는 우리가 광고비 지출을 현재보다 늘리면 브랜드 인지도 제고가 바로 가능할 것이다, 이 말인가요?"

"네, 광고비를 늘리자마자 즉시 가능할지는 모르겠지만, 분석 자료에서도 볼 수 있듯이 현재 낮은 인지도의 주요 원인이 낮은 광고비이기 때문에 가장 효과적인 방안이 아닐까 싶습니다."

"정말 그럴까요?" 류의 어투가 약간은 도전적이다.

"네?"

대답하는 신중해의 심기가 약간 불편해 보이자 류가 웃으며 손을 내저었다.

"신 차장, 다른 뜻은 없으니까 오해 말아요. 그냥 함께 생각해보고 싶어서 그런 거니까요. "

류가 물을 한 모금 마시고 말을 이었다.

"한번 살펴봅시다. 내가 보기에는 우리 회사의 광고비는 선두업체의 4분의 3 수준인데 브랜드 인지도가 2분의 1 정도에 지나지 않습니다. 그렇다면 광고 금액 자체만의 문제는 아닌 것 같거든요. 2위 업체의 경우에도, 선두업체와 거의 비슷한 광고비를 쓰면서도 인지도는 75퍼센트 수준에 불과하잖아요."

"팀장님, 세부적인 차이는 있을지 모르지만 주목할 포인트는 광고비 지출 순서와 브랜드 인지도 순서가 같다는 점이라고 생각합니다. 그리고 다들 아시는 것이지만 광고비 지출액에 비례해서 브랜드 인지도와 선호도가 올라간다는 것은 이 바닥에서는 거의 정설로 굳어진 사실이잖습니까?"

신중해는 당연한 것을 왜 묻느냐는 듯이 류를 쳐다보며 말했다. 그래, 신중해의 말이 옳을 수도 있다. 하지만 류는 이 대답이 'Really?'를 해결해주지 못한다고 생각했다.

"혹시 경쟁사들의 광고 매체에 대한 분석은 해봤나요? 다른 지역에서의 경험에 비추어 보면, 지역에 따라서 가장 효율적인 광고 매체가 다른 경우가 많잖아요. 우리가 그동안 텔레비전 쪽에 많이 치중했었는데, 경쟁사들의 경우에는 텔레비전보다는 패션이나 생활 관련 잡지를 많이 활용하고 있지는 않을까요? 즉 내가 말하고자 하는 것은 우리가 광고 매체의 선택에서 문제가 있지 않았을까 하는 점이에요."

"저, 그건……." 예상치 못한 류의 질문에 신중해는 명쾌하게 답변하지 못하고 주저했다.

류는 자리에서 일어서며 이야기를 계속했다.

"내가 보기에는 신 차장의 이야기에도 앞서 무 과장처럼 논리적인 비약이 있었어요. 사실 'So What?' 측면에서는 매끄럽습니다만, 'Really?'의 측면에서 약간 보완할 필요가 있다고 봅니다."

화이트보드로 다가간 류는 앞서 써두었던 'So What?' 옆의 'Really?'에 밑줄을 그으며 팀원들을 바라보았다.

"그렇다면, 팀장님 말씀은 브랜드 인지도가 낮은 것이 광고비 지출이 적어서일 수도 있지만, 그렇다고 광고비를 늘리면 인지도가 올라간다고 하는 것이 반드시 참(True)은 아니라는 건가요?"

기획통의 목소리에 류가 웃으며 대답했다.

"맞아요. 그런데 기 과장이 '참'이라는 말을 하니까 이거 갑자기 논리학 수업이 된 느낌이네요."

곤혹스러워하던 신중해의 표정에 잠시 미소가 스쳤다.

"이제 알겠습니다. 그러니까 광고비를 단순히 늘리는 것과 광고비를 효과적으로 사용하는 것은 별개의 문제라는 것이군요."

"역시 신중해 차장이 제가 말하고 싶은 것을 정확히 지적하는군요. 그래요. 내가 브랜드에 대해서는 신 차장보다 잘 알지 못하지만, 무턱대고 광고비만 늘리자고 하면 사장님도 분명히 '거, 광고비 늘리면 인지도나 선호도 올라가는 거 맞아(really)?' 하고 물으실 거란 생각이 들어요. 광고비를 어떻게 효과적으로 집행할 지가 뒷받침될 필요가 있다는 거죠."

류의 말에 신중해는 모든 것을 납득했다는 듯 다시 평온한 표정으로 돌아갔다. 차장 직급에 있는 사람이 부하직원들 앞에서 실수를 지적당하면 보통 신경질적으로 방어하거나 변명하기 급급한데, 신중해는 깨끗이 물러날 줄을 안다. 또 그것이 오히려 부하들로부터 신망을 얻는 데 도움이 된다는 걸 신 차장은 잘 알고 있었다.

'대단한 친구야……' 류는 내심 감탄했다.

"알겠습니다, 팀장님. 그럼 제가 추가적으로 할 일이 가늠이 되는군요. 목표 고객군에 도달할 수 있는 매체 선택을 비롯해서, 효과적인 광고비 지출 방안에 대해 좀 더 조사한 뒤에 보완하겠습니다."

여기까지 말한 신중해가 자기 앞의 서류를 정리하며 말을 이었다.

"'So What?'은 어느 정도 해결한 줄 알았는데 'Really?'라는 지뢰를 피하지 못했네요."

"사장님 보고 때까지는 연습용 지뢰 아니겠습니까, 차장님?"

알아서가 쾌활하게 말하자 무대포도 맞장구를 쳤다.

"그거 말 된다. 오히려 연습용 지뢰는 많이 밟을수록 좋은 거 아닐까요? 실전에서 안 밟으려면 말이죠."

신중해가 웃으며 말을 받았다.

"두 사람 말이 맞는 것 같네요. 그럼 오늘은 좀 봐주시는 거죠, 팀장님?"

이렇게 말하며 함께 웃는 팀원들의 밝은 표정을 보며 류는 흐뭇했다. 팀이 함께 무언가를 배워나가고 있고, 그 배우는 과정에서 서로를 질책하지 않고 격려하고 있다. 우리 팀은 진화하고 있다……. 기분 좋은 느낌이다.

달리는 말에 채찍질을 더 한다

언제나 그렇듯 휴식 시간은 금세 지나간다. 팀원들은 오늘의 마지막 주제를 위해 다시 한자리에 모였다.

마지막으로 '기존 유통망 효율화를 통한 비용절감 추구'를 담당했던 기획통의 차례다. 신중해가 맡은 브랜드와 더불어 매우 중요한 전략 대안이었기 때문에 류는 일찌감치 기획통을 지목했던 터였다. 사실 그간 함께 일해오면서 '전략적으로' 생각하는 면에서 기획통은 팀내에서 가장 탁월한 모습을 보여왔다. 류는 기대감을 갖고 기획통의 얼굴을 바라보았다.

"기 과장, 그럼 시작해볼까요?"

"예, 아시다시피 저는 기존 유통망 효율화를 통해 비용을 절감하는 방안에 대해서 조사를 했습니다."

기획통은 팀원들을 바라보면서 차분히 설명을 시작했다.

"여러분 모두 잘 아시겠지만, 유통망의 특성을 평가하는 기준으로는 관할 지역의 크기와 유통 채널의 질이라는 두 가지 측면이 있습니다. 지금까지 제가 분석한 바에 따르면 우리 회사와 경쟁사의 유통망이 관할하고 있는 지역은 거의 비슷합니다. 즉 우리 회사와 경쟁사는 대부분의 주요 지역에 동시에 들어가 있기 때문에 이 부분에서는 특별한 차이가 없습니다."

잠시 숨을 고른 기획통은 계속 말을 이어나갔다.

"따라서 저는 유통망의 질이라는 측면에 주목했습니다. 즉 비용 대비 효과가 어느 정도인지를 분석하는 데 초점을 맞춘 거죠. 그래서 저는 일단 기존 유통망의 효율화 수준이 경쟁사와 비교해서 어떤지 조사를 해보았습니다."

기획통은 차트 하나를 팀원들에게 보여주었다.

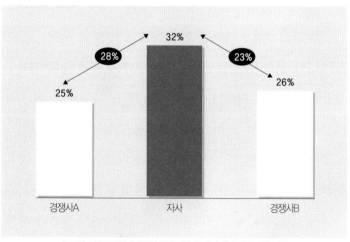

〈표 12〉 아름화장품과 경쟁사 간의 매출액 대비 채널 관련 비용 비중

"지금 보시고 게신 차트를 통해 알 수 있듯이, 우리 회사의 경우 전체 매출액 중 채널 관련 비용이 차지하는 비중이 경쟁사 대비 최소 20퍼센트 이상 높은 것을 알 수 있습니다. 이는 유통망의 질적인 개선을 위해서는 채널 관련 비용을 낮추는 것이 관건이라는 의미입니다."

"음, 좋은 분석이네요."

역시 기대를 저버리지 않는 친구라고 생각하며 류는 흡족한 미소를 지었다.

기획통은 류의 반응에 고무된 듯 더욱 자신감 있게 이야기를 풀어나갔다.

"채널 관련 비용이 경쟁사에 비해 높은 원인을 분석해봤는데요. 현재 우리 회사 제품을 취급하고 있는 지역 내 대리상(代理商)들이 챙겨가는 마진이 높다는 것이 가장 큰 이유라고 생각합니다. 그런데 그것은 우리 회사가 후발 주자로서 중국에 진입하다 보니 초기 대리상 계약에서 상대적으로 불리한 조건을 감수한 데 근본적인 원인이 있습니다. 이건 지금 당장 개선할 수 있는 것이 아니겠죠."

기획통의 말에 모든 팀원이 끄덕였다. 처음 중국에 들어올 때 급한 마음에 저질렀던 실책이었다. 씁쓸하지만 인정할 수밖에 없다.

"문제는 우리 회사의 대리상들은 경쟁사에 비해 생산성이 낮다는 데 있습니다."

팀원들이 수긍하는 빛을 보이는 것을 확인한 기획통은 주요 대리상의 생산성 분석 자료들을 보여주면서 설명했다. 모두들 귀를 기울여 기획통의 설명을 듣고 있었다.

"지금 보신 자료를 바탕으로 할 때, 유통망 효율화를 위해서는 대리상의 마진과 관련한 계약상의 조정을 타진해보고, 그것이 안 된다면 결국 대리상의 생산성을 향상시킬 수 있는 방안을 마련해야 한다는 것이 저의 결론입니다."

기획통은 확신에 찬 어조로 발표를 맺었다. 사실 이 정도면 다른 팀원들에 비해 훨씬 전략적으로 문제를 풀어갔다고 생각했고, 더욱이 평소 자신이 전략에 관한 용어를 적절히 쓰는 것을 류가 좋아한다고 믿었기 때문에 내용의 포장 측면에서도 나무랄 데 없다고 자평했다. 기획통은 자신 있는 표정으로 류의 반응을 기다리고 있었다.

고개를 숙이고 무언가를 생각하던 류가 입을 열었다. 하지만 기획통이 기대했던 반응은 아니었다.

"기 과장, 그러니까 지금까지 한 말을 한 마디로 정리하면 대리상의 생산성을 높이자는 거죠? 그게 기 과장이 말하고 싶은 결론인가요? "

"네, 그렇습니다."

"기 과장, 기 과장이 지금 뭔가 오해하고 있는 게 아닌가 싶은데, 그게 바로 기 과장이 맡은 과제 아닌가요?"

"예? 그게 무슨 말씀인가요?" 기획통의 큰 눈이 갑자기 휘둥그레졌다.

"그러니까, 대리상의 생산성을 높이는 것을 포함한 채널 효율화를 모색하자는 것이 바로 기 과장이 맡은 과제의 정의 아니냐 이 말이에요. 그런데 지금 기 과장은 문제를 그냥 다시 한 번 풀어서 설명한 것에 불과하잖아요."

냉담한 류의 어조에 기획통은 당황하기 시작했다. 평소 자신의 일처리에 호의적인 반응을 보여왔던 사람이라고는 믿기 어려웠다. 당황하기는 다른 팀원들도 마찬가지였다. 팀원들 거의 대부분이 보기에 기획통은 올바른 방향을 잡고 있었고, 이번에도 별 문제가 없어보였기 때문이다. 류가 유독 기획통만 감싸고돈다며 불만스러워했던 무대포도 '해가 서쪽에서 뜰 일'이라는 듯 어안이 벙벙한 표정이었다.

기획통이 지지 않겠다는 듯 반문했다.

"팀장님, 어째서 제 결론이 문제를 다시 풀어서 말한 것에 지나지 않는다는 거죠? 채널 효율화의 방법에는 대리상의 생산성을 올리는 것 말고 다른 것도 있지 않습니까?"

"그 말은 맞아요. 하지만 우리 회사 입장에서 대리상의 생산성을 올리는 것 말고 다른 방법이 있나요?"

기획통은 말문이 막혔다.

"내가 원했던 것은 대리상의 생산성을 높이기 위해서 현재 지역별 대리상들의 역할을 재조정하는 방법을 제시한다든지, 아니면 각 대리상의 효율성을 점검해서 판매 인원을 재배치한다든지, 하는 식으로 명확하게 '무엇을 어떻게 하는 게 좋겠다'는 방안을 원했던 거예요. 그런데 기 과장의 분석 결과는 그냥 멋있게 보이는 말들로 문제를 다시 한 번 포장한 것에 지나지 않아 보이는 것이죠."

전에 없이 신랄한 류의 말에 기획통은 입술을 깨물었다. 그냥 멋있게 보이는 말들로 문제를 포장한 것에 불과하다니

……. 자신이 문제를 구체적으로 파고들지 못한 점은 인정할 수 있지만, 이렇게 모욕적인 말로 자신을 몰아세우는 류를 기획통은 어떻게 생각해야 할 지 알 수가 없었다.

류가 자리에서 일어나면서 말했다.

"자, 우리는 오늘 몇 가지 중요한 전략대안들을 검토한 결과를 놓고 우리 회사에 부합하는 시사점을 얻기 위한 작업을 진행했습니다. 모두들 수고 많았습니다만, 아직 부족한 점이 있어요. 일주일 후에 이 자리에서 다시 검토회의를 가질 때까지 각자 자신이 맡은 과제를 좀 더 다듬어 주십시오. 'So What?'과 'Really?'를 염두에 두고 말입니다. 이상."

류는 회의실 문을 닫고 나갔다.

＞　＞　＞

"기 과장."

기획통은 화들짝 놀랐다. 모두 퇴근한 줄로만 알고 있었는데, 류가 옆에 서서 자신을 불렀으니 놀랄 만도 했다.

"아, 네…… 팀장님. 아무도 없는 줄 알았는데, 깜짝 놀랐어요."

"그렇겠지. 나갔다가 다시 들어온 거니까 놀랄 만도 했겠네요." 류가 미소 지으며 말했다.

"우리 잠깐 얘기 좀 합시다."

회의실로 자리를 옮긴 뒤 류가 말문을 열었다.

"여전히 표정이 굳어 있네. 섭섭했지요?"

"아, 네…… 아니에요, 팀장님."

그러나 아니라고 하는 기획통의 시선은 다른 데 가 있다.

"똑바로 안 쳐다보는 걸 보니, 정말 섭섭했나 보네요."

기획통은 아무 말없이 고개를 숙였다.

"기 과장. '달리는 말에 채찍질을 더 한다'는 말 알지요?"

"네?" 기획통이 고개를 들고 류를 바라보았다.

"우리가 상하이에서 함께 일한 지 벌써 3년이에요. 기 과장의 역량에 대해서는 잘 알고 있습니다. 비록 과장 초년병이지만 기 과장이 우리 팀에서 하고 있는 역할은 웬만한 차장을 능가합니다."

기획통의 눈가에 흐르던 날카로움이 조금 누그러졌다.

"하지만 나는 기 과장이 지금까지 보여준 것보다 앞으로 보어줄 것에 더 많은 기대를 하고 있어요. 그렇기 때문에 오늘 같은 일이 벌어진 겁니다."

기획통이 무슨 말인지 이해되지 않는다는 표정을 지었다.

"기 과장, 지금 팀원들 틈바구니에서 '내가 제일 잘났다'고 자만해서는 발전할 수 없어요. 기 과장이 우리 팀, 아니, 우리 회사의 핵심 인재가 되려면, 절대 안주하면 안 됩니다. 나는 아까 기 과장이 몇몇 번지르르한 단어들을 쓰는 걸 보고 문득 '이 사람, 겉멋 부리기엔 아직 이른데' 라는 생각이 들었어요."

기획통은 뜨끔했다. 그런 말들이 류를 만족시키는 데 도움이 될 거라는 생각을 했던 것이 사실이었기 때문이다.

"내가 아까 지적했던 내용 자체에는 공감해요?"

류의 질문에 기획통은 고개를 끄덕였다.

"그렇다면 내용 외에 조금 불편했던 것들은, 잘하고 있는 기 과장을 더 잘하도록 격려한 걸로 생각해주면 좋겠어요. 물론 격려라 하기엔 좀 아픈 말들이었겠지. 하지만 달리는 말을 더 잘 달리게 하기 위해서는 때론 채찍이 필요하다고 봅니다. 잘하고 있는데 더 잘하게 하는 건 정말 쉬운 일이 아니니까요."

류는 일어서서 기획통의 어깨를 다독였다. 기획통의 얼굴에는 화색이 감돌고 있었다.

"자, 그럼 난 가보겠습니다. 남들이 보면 야심한 시간에 젊고 예쁜 아가씨한테 늙수그레한 늑대가 작업하는 걸로 알겠네요."

"아이, 팀장님도…… 팀장님이 왜 늑대예요? 멋쟁이지."

기획통이 살짝 얼굴을 붉혔다.

류는 싱긋 웃으며 말했다.

"말만이라도 고맙군요. 기 과장도 어서 마무리하고 퇴근해요."

> > >

그날과 같은 회의는 그 뒤로도 두 차례 더 있었다. 류와 팀원들은 발표했고, 토의했고, 지적했고, 수용했다. 그렇게 팀은 함께 배우고, 함께 시행착오를 겪었고, 함께 '작품'을 만들어나갔다. 그리고 류에게 깨질 듯한 두통을 선사했던 팀원들과의 회식이 한 번 더 있었다. 하지만 류는 생각했다. 우리가 성큼성큼 앞을 향해 나아갈 수만 있다면 머리 아픈 것쯤은 백

번이라도 더 할 수 있다고…….

'근데 머리가 너무 아픈 걸.'

회식 다음날 깨질 듯한 통증에 투덜거리던 류는 문득 달력을 보자 정신이 번쩍 들었다. 멀린 선배가 티베트에서 돌아올 때가 됐구나. 팀의 성과를 자랑할 생각에 류는 설레기 시작했다.

통찰 >>> 의미 있는 시사점을 도출하라

| 시사점, So What?, Really? |

명탐정 셜록 홈즈를 탄생시킨 코난 도일의 단편 가운데 「보헤미아 왕국 스캔들」에는 홈즈가 왓슨에게 다음과 같은 이야기를 하는 장면이 나온다.

"자네는 보기만 할 뿐 관찰하지는 않는 것 같군."

위의 말을 문제 해결 과정에 적용해보면 "자네는 분석만 할 뿐 통찰을 하지는 않는 것 같군"이라고 할 수 있을 것이다. 이처럼 많은 사람들은 특정한 주제에 대한 조사 업무를 수행할 경우 자료를 조사하고 분석을 할 뿐 자료 조사의 진정한 목적이라고 할 수 있는 '통찰'은 하지 않는 경우가 많다.

'체계화'를 통해 핵심 이슈들을 정리한 후에는 각 이슈들에 대한 분석 작업에 들어가게 된다. 분석 작업은 관련 자료들을 수집하고 정리하는 과정으로서 자료 및 데이터 조사, 관련 전문가 인터뷰 등이 주로 포함된다. 하지만 통찰은 여기에서 더 나아가 분석으로부터 의미 있는 메시지나 시사점을 끄집어내는 과정이다.

통찰을 통한 종합적 사고를 할 때 염두에 두면 좋을 키워드는 'So What?'과 'Really?'이다.

전략 컨설턴트로 일하면서 매니저나 파트너로부터 자주 받게 되는 질문 중 하나가 바로 "So what?"이다. 말 그대로 "그래서 그게 무슨 의미가 있는 거죠?" 내지 "결국 하고 싶은 말이 뭐죠?" 정도로 해석될 것이다. 'So What?'은 최근

일반 직장에서도 흔히 들을 수 있는 질문이 되었다는 느낌인데, 'So What?'에 대한 답을 만드는 과정은 결국 자료의 단순한 나열이나 설명이 아니라 의미 있고 설득이 가능한 시사점을 도출해내는 과정인 것이다. 다시 말하면 특정 이슈에 대해서 조사한 자료들을 통해 전달하고자 하는 메시지를 만들기 위해 필요한 질문이 'So What?'인 것이다.

반면, 이러한 메시지가 도출된 후에는 "정말 그런가요?" 또는 "그렇게 말할 수 있는 근거가 무엇이죠?", 즉 "Really?"에 대한 답을 통해 메시지에 대한 검증이 가능하다. 이 질문은 논리의 비약이 없는지, 혹은 결론의 근거가 명확하고 충분한지를 검증하기 위해 사용하게 된다.

이렇게 시사점을 도출한 후 'So What?'과 'Really?'를 자문해보면서 시사점에 결함이 없는지 검토하는 연습을 반복하다 보면, 일상 업무에서 보고서를 작성할 때 좀 더 설득력 있는 메시지를 만들어낼 수 있을 것이다.

3부 >>>>>

전 달 : 의사 결정 권자는 핵심을
듣고 싶어한다

물이 위에서 아래로 흐르듯이

토요일 저녁, 후신팅 飯心亭: 상하이의 유명한 중국 전통 찻집. 명대明代에 조성된 것으로 알려진 위위안豫園 정원 내의 호수 가운데 있음 앞 호수를 바라보는 류의 표정은 호수에 비친 보름달만큼이나 넉넉했다.

"지난 몇 주 사이에 가장 밝은 얼굴인데? 처음 만났을 때 봤던 어두운 표정이 있었나 싶을 정도야." 멀린 선배가 반색하며 말했다.

"다 선배 덕분이에요. 선배가 알려준 방식대로 시사점을 정리해보니까 결론이 명쾌하고 메시지로서 힘이 실리더군요. 저로서는 기적 같은 일이에요."

류의 들뜬 목소리는 이어졌다.

"사장 보고도 느낌이 좋아요. 정말 고마워요, 선배."

"뭘, 네가 원래 보고서 작성 경험도 있고, 워낙 감각이 좋잖아. 나는 간단한 조언을 했을 뿐인데……." 멀린 선배가 찻잔에 손을 가져가며 말했다.

"그런데 류, 아직 네게 알려줄 게 더 있어."

"네, 선배. '전달' 말씀이지요? 하하, 걱정 마세요. 제가 이래봬도 저희 회사에서는 나름대로 프레젠테이션 선수로 통한답니다. 재료가 멋지게 갖춰졌으니, 사장 앞에서 요리하는 건 큰 걱정 없어요."

차를 한 모금 마신 멀린 선배가 말을 이었다.

"그게 바로 부메랑이 될 수 있어."

류가 멈칫했다.

"네?"

"'전달'과 프레젠테이션은 다른 차원의 문제인데 많은 사람들이 그걸 같다고 생각해서 문제가 생기는 경우가 있거든. 프레젠테이션은 잘했으면서도 전달을 제대로 못해서 스타일 구기는 일이 있다는 거지."

류가 물었다.

"선배, 그 둘이 뭐가 다른 거죠? 효과적으로 전달하는 건 결국 보고받는 사람들에게 자료를 명료하게 잘 전달해주는 거잖아요."

"네 말이 맞기는 해. 하지만 한 가지가 빠졌다."

한 가지가 빠졌다니. 류는 쉽게 납득할 수 없었다. 류는 지금까지 한 번도 자신의 보고 자체에 문제가 있다는 생각을 해본 일도, 그런 지적을 받아본 일도 없었다. 그래서 커뮤니케이션 능력만큼은 자신이 일류라고 생각해왔는데, 지금 멀린 선배가 류의 자부심에 상처를 내고 있는 것이다.

류의 마음에 슬며시 반발심이 고개를 들었다.

"그게 뭐죠, 선배?"

멀린 선배가 찻잔을 내려놓으며 말했다.

"하하. 너, 기분이 좀 나빴구나. 하지만 오해하지는 마라. 네 프레젠테이션 능력을 믿지 못한다는 건 아니야. 다만, 너처럼 프레젠테이션을 잘한다는 사람들이 한 가지만 더 생각한다면 완벽한 커뮤니케이터가 될 수 있는데도 그 한 가지를 그냥 지나쳐버리는 것이 내 입장에선 아쉽다는 거지."

류가 빙긋 웃으며 말했다.

"에이, 선배. 어떻게 완벽할 수가 있어요. 너무 많은 걸 기대하시는 거 아니에요?"

"난 프레젠테이션 역량 차원에서의 완벽을 이야기하는 게 아니야. 보고자료에 관해 말하는 거지."

"네?" 보고자료라니, 이건 또 무슨 소리인가?

"한번 생각해보자. 너, 말하고 싶은 것과 듣고 싶은 것의 차이에 대해 생각해봤니?"

이건 생각해본 일이 없다.

"너처럼 멋진 보고자료를 작성했다고 생각하는 사람들은 말하고 싶은 것들로 머릿속이 가득 찬 상태에서 보고를 하지. 이렇게 얻기 힘든 자료를 모았고, 이렇게 기가 막힌 분석을 했다는 식으로 그간 참 많은 일을 했다며 자랑하고픈 마음이 없지 않을 거라고."

이런 마음, 솔직히 많이 드는 게 사실이다.

"그런데 말이야. 그게 정말 보고받는 사람들이 관심을 갖고 있는 걸까?"

그렇지 않을지도 모른다. 하지만 그렇다고 열심히 준비한 자료나 내용을 보고에서 빼면 일을 하지 않았다는 고백을 하는 것과 다름없지 않은가. 류가 말했다.

"그래도 윗분들은 아래 직원들이 얼마나 일을 열심히 했는지 알고 싶어하기 마련이잖아요."

"물론 그 말이 틀린 건 아니야. 알고는 싶어하지. 하지만 그게 보고의 알맹이는 아니잖아?"

류의 말문이 막혔다.

"모든 커뮤니케이션에서 말하고자 하는 것과 듣고자 하는 것이 일치해야 효과가 극대화된다는 데는 너도 동의하지?"

"네."

"그런데 대체로 보면 말하고자 하는 것과 듣고자 하는 것이 다를 때가 많아. 특히 회사에서 이루어지는 커뮤니케이션이나 보고회에서는……."

멀린 선배는 이번에도 무언가 중요한 것을 이야기해주려는 듯하다. 류는 귀를 기울이기 시작했다.

"너, 너희 임원들이 '도대체 결론이 뭐냐?'고 묻는 걸 본 적 있지?"

"네, 다른 보고회에서 여러 번 봤죠. 제가 당해본 일은 많지 않지만."

"그래, 너 잘났다." 멀린 선배가 호탕하게 웃자 류도 따라 웃었다.

"농담이고⋯⋯. 혹시 네 보고에 대해 그런 반응이 나올 때 속으로 무시한 적 없니? '당신이 바보라서 내 말을 못 알아듣는 거지'라는 생각으로 말이야."

"선배는 내 속마음에 들어앉아 있는 것 같아요."

"하하, 그게 뭐 꼭 그래서겠어? 나도 비슷한 경험이 있으니까 그렇지. 그런데 그런 상황에서 '보고받는 사람이 바보다'라고 결론 내려선 안 돼. 그게 바로 말하고 싶은 것과 듣고 싶은 것이 일치하지 않아서 발생하는 일이니까."

"하지만 선배, 그렇다고 사전에 지시받은 내용과는 전혀 다른 엉뚱한 주제를 가지고서 보고하는 사람은 없잖아요. 주제가 같은데 어떻게 말하고 싶은 것과 듣고 싶은 것이 다를 수가 있는지 잘 이해가 안 되네요."

멀린 선배가 몸을 앞으로 당기면서 말했다.

"너, 조삼모사(朝三暮四) 라는 말 알지?"

"알죠. 한때 그거 패러디한 만화가 엄청나게 많았는데⋯

…."

"그래, 나도 카자흐스탄에 있을 때 인터넷으로 종종 봤지. 정말 웃기더라." 멀린 선배가 빙긋 웃으며 말을 이었다.

"아무튼 그 말이, 이렇게 하나 저렇게 하나 사실은 마찬가 진데 그걸 다르게 생각하는 사람을 비웃는 표현이잖아?"

"네, 그렇죠."

"그런데 말이야, '전달'이 정말 그래. 단지 순서만 바꿀 뿐 인데도 결과가 꽤 달라져. 그렇다고 전달받는 사람에게 얄팍 한 속임수를 쓰는 것도 아니야."

이 선배, 도대체 무슨 얘기를 하려는 것일까. 전처럼 다시 종이와 펜을 꺼내서 뭔가를 그리기 시작하는 멀린 선배를 물 끄러미 바라보는 류의 머릿속엔 궁금함이 커져갔다.

> > >

"일반적으로 사람들이 문제를 해결하는 과정을 생각해보 자고."

멀린 선배는 종이에 무언가를 적어 내려가기 시작했다. 이 사람, 뭔가를 쓰면서 설명하는 걸 정말 좋아한다. 하긴, 그것 자체가 효과적인 전달 수단의 하나인 것은 사실일 테니까.

멀린 선배가 종이에 적은 것은 '자료 → 분석 → 종합 → 메시지'라는 흐름이었다.

"우선 자료를 모으고, 그 다음에 자료를 분석하고, 분석 결과를 종합한 다음에 메시지를 뽑아내지 않니?"

"네, 그렇죠."

"그럼, 이걸 뒤집어보자."

그 말과 함께 멀린 선배는 앞서 적은 흐름을 정반대로 뒤집어서 '메시지 → 종합 → 분석 → 자료'라고 적기 시작했다.

이것 봐라. 정말 순서만 바꾼 거잖아.

"내가 조삼모사 얘기를 한 이유를 알겠지? 뭘 먼저 전달하고 뭘 나중에 전달할지 순서만 바꾼 거라서 그래."

"네, 맞아요. 선배. 그런데 이게 도대체 어떤 효과가 있기에……. 내가 보기엔 두괄식이랑 미괄식의 차이일 뿐인 거 같은데요."

"그래, 그렇게 볼 수도 있지. 우리가 예전에 대입시험을 준비하면서 배웠듯이 결론을 어디에 두느냐는 건 완성된 글에서는 큰 차이가 없어. 하지만 보고서에서는 다르지."

"왜죠?"

"왜냐하면, 보고서는 발표를 염두에 둔 자료이기 때문이고, 항상 시간이 없고 바쁜 임원들이 청중이기 때문이야. 게다가 이 사람들은 자료나 분석이 나열되어 있으면 지루하다고 생각하는 사람들이고."

"왜 지루해하죠? 대체로 선배 말대로 단순한 사실이 아니라 거기에 통찰을 더해 새롭게 만든 것들인데……."

류의 말에 멀린 선배는 고개를 저었다.

"그게 꼭 그렇지가 않아. 결론적으로는 새롭게 보인다 해도, 그 뒷받침이 되는 사실들은 임원들 정도면 그 전에 한두 번씩은 들어봤을 가능성이 많거든."

그건 그렇다. 류는 고개를 끄덕였다.

"그런데, 사실부터 쭉 늘어놓기 시작하고 결론이 나중에 나오는 흐름이면, 처음에 보이는 사실들에서 이 사람들은 '어, 다 아는 얘기잖아' 하는 반응이 나올 가능성이 커. 그러면 '더 들어봐야 새로운 것 없는 거 아냐?' 하는 생각으로 이어지고, 결국 발표에 집중하지 않게 되지."

그도 그럴 법하다. 멀린 선배의 설명은 계속됐다.

"이런 사람들의 집중을 끌어내려면, 그들이 듣고 싶어하는 것을 들려줘야 해. 그럼 그 사람들이 듣고 싶어하는 건 뭐겠니? 결론이야. 그런데 네가 설명하고 싶은 건, 결론도 있겠지만 결론에 이르는 과정 역시 보여주고 싶은 거잖아."

"그렇죠. 그래야 논리적으로 말이 되는 거니까."

"하지만 그 사람들이 원하는 것은 결론이야. 그 다음에 그런 결론이 나오게 된 과정이나 근거를 궁금해하게 되는 것이지. 그래서 결론부터 내놓고, 그 결론을 뒷받침하는 것들을 뒤에 배치하는 게 더 효과적인 거지."

먼저 상대방이 제일 듣고 싶은 것을 말하고, 그에 대한 궁금증을 불러일으켜서 내가 말하고 싶은 것으로 관심을 이끄는 것이라……. 그렇다, 책은 읽다가 궁금하면 앞 페이지를 펼쳤다가 뒤 페이지로 갈 수 있지만, 프레젠테이션은 그렇지 않다. 노래처럼 시간이 지나가면 흘러가버리는 것이다. 류는 비로소 멀린 선배의 이야기에 수긍할 수 있었다.

"선배 얘기의 핵심은 듣는 사람들의 궁금증을 불러일으키되, 메시지 중심으로 의미 있는 스토리가 될 수 있도록 구성해서, 자료를 보는 동안 가지고 있던 궁금증을 스스로 풀 수 있도록 만들어야 한다는 거네요, 휴."

"잘 지적했어. 결론에 대한 궁금함이 생기게 될 때를 생각하면 무엇을 준비하면 될까? 결론을 이끌어내기 위해서는 분석 결과를 종합해야 되니까 정리된 종합을 보여주면 되겠지. 종합의 내용에 의구심이 있으면 다시 분석 결과를, 그리고 분석 결과에 대해 궁금함이 생기면 다시 그 근거 자료(Fact)를 보여주는 식으로, 물이 위에서 아래로 흘러내려가듯 자연스러운 흐름이 있어야 해."

멀린 선배는 잠깐 헛기침을 하고서는 다음 말을 이었다.

"이렇게 자연스러운 흐름에 따라서 메시지를 구성하면 전체적으로 삼각형 모양의 구조가 생기는데 이런 걸 피라미드 구조(Pyramid Structure)라고 하지."

"삼각형 모양이라, 이해가 잘 안되네요"

"그럼…… 우리 딸 이야기를 예로 들어볼까?"

"네? 선배 딸이요?"

"응, 지금 외국인학교에 다니는데 우리나라로 보면 초등학교 2학년쯤 되지. 어제 저녁에 보니까 자기 친구한테 편지를 쓰고 있던데, 옆에서 슬며시 봤더니 참 웃기더라고. 그래서 자초지종을 물어봤지. 2년 동안 친하게 지내왔는데, 며칠 전에 그 친구가 이름 대신 자기가 듣기 싫어하는 별명을 불렀을 때 기분이 나빴대. 그리고 두 달 전에 자기가 생일파티에 초대했는데 안 온 것도 서운했고, 학교에서 자기가 먹던 과자도 뺏어먹어서 미웠대. 그래서 이젠 친구가 싫대."

"하하하, 참 귀엽네요. 나도 그런 딸이 있으면 좋겠네."

"야야, 말도 마라. 또박또박 제 생각을 얘기하는 거, 귀여울 때보단 얄미울 때가 더 많다고……. 하여간 우리 딸이 얘기한 내용은 나름대로 논리적이긴 해. 별명 불러서, 생일파티에 오지 않아서, 과자를 뺏어서 친구가 싫다는 얘기니까 원인과 결과가 명확하지."

"선배, 지금 딸 자랑하는 거죠? 팔불출이구만, 팔불출……."

"이 친구도, 참. 사실이 그렇다는 거지 뭐."

하지만 이렇게 말하는 선배의 얼굴은 행복한 아빠의 모습이었다.

"어쨌든 우리 딸 얘기를 피라미드 구조에 따라서 바꿔본다면 어떻게 할 수 있을까?"

"음……." 류는 잠시 고민에 빠졌다. 결론을 앞에 두어서 궁금증을 일으켜야 한다면……. 친구가 싫어졌다는 것이 결론이겠고, 그걸 제일 앞에 내세워야 하겠지. 그리고 그 결론을 뒷받침하는 이유를 제시하면 되지 않을까.

"선배, 이렇게 하면 되지 않을까요? '나는 네가 싫어졌다'가 제일 먼저 앞으로 나오는 결론이 되고요. 그 다음에 이유들, 그러니까 '별명을 불렀다', '생일파티에 오지 않았다', '과자를 뺏어 먹었다' 순으로 나오면 되지 않을까요?"

멀린 선배는 고개를 끄덕였다.

"그래, 맞아. 그럼 네가 얘기한 걸 그림으로 한번 그려보자."

잠시 후 선배의 앞에는 삼각형 모양의 그림(표 13)이 놓여 있었다.

"자, 보자. 결론에 해당하는 메시지, 그러니까 '네가 싫어졌다'를 제일 먼저 배치해두면 보는 사람들은 그 이유가 궁금해질 테지. 그래서 그 메시지 아래에 논리적인 근거, 그러니까 별명 부른 것, 생일파티에 오지 않은 것, 과자를 뺏어 먹은 것 등이 오게 되면 결론에 대한 해명이 되면서 전체적인 메시

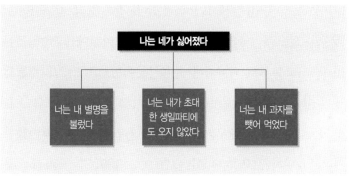

지를 체계적으로 보여줄 수 있어."

류는 고개를 끄덕이며 멀린 선배의 말을 듣고 있었다.

"사실 내가 든 예는 피라미드 구조가 이것 하나로 끝나지 만, 생각해보면 결론의 근거 아래에 또 '근거의 근거'를 제시 할 수 있을 거야. 예를 들어 우리 딸 친구가 별명 한 번 부른 것이 왜 그 친구를 싫어할 만한 이유가 되는 걸까? 그 근거를 생각해보자고."

"선배 딸 별명이 뭔데요?"

"도널드 덕이야. 입을 비쭉 내밀 때 비슷해 보이긴 하는데, 하여간 우리 애는 도널드 덕이 못생겼다고 그렇게 부르는 걸 굉장히 싫어해."

류는 웃을 수밖에 없었다. 아이들이란 역시 천진난만하다. 아이가 없는 자신은 아직 잘 느끼지 못하는 것들이다.

"아무튼 별명이 도널드 덕이고, 도널드 덕이 못생겼다고 생각을 하고, 당연히 못생긴 사람으로 취급받는 것이 싫을 테지? 그래서 누군가 별명인 도널드 덕으로 자기를 부르는 게 싫은 거겠지."

"그렇겠죠."

"별명을 부른 게 왜 문제가 되는지에 대한 근거가 지금 내가 말한 것들 정도가 될 거야. 이걸 아까 그렸던 피라미드 구조에 넣어보자."

멀린 선배는 앞 그림에 몇 가지를 더 적어 넣은 〈표 14〉를 류에게 보여주었다.

"아⋯⋯." 류가 말했다.

"근거 아래에 근거의 근거를 붙이니까 삼각형 모양이 확대가 되네요."

"그래, 맞아. 결론 아래에 결론의 근거를 내세우고, 또 각각의 근거 아래에 근거의 근거가 달라붙는 모양이 되지. 별명을

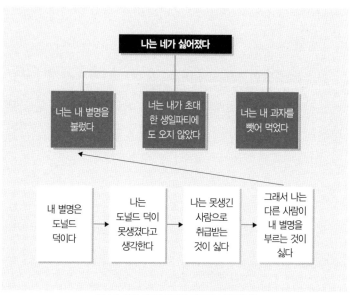

<표 14> 하위 근거가 추가된 피라미드 구조의 예

부른 것 외에도 생일파티에 오지 않은 거라거나, 과자를 뺏어

먹은 것도 다 그 아래에 근거들이 있겠지? 그런 것들을 하나

씩 채워나가다 보면 삼각형이 점점 아래로 퍼져나갈 거고."

멀린 선배의 말에 류는 잠시 그림을 유심히 들여다보더니,

무언가를 발견한 듯 눈을 반짝이며 말했다.

"어떻게 보면 관계가 있는 것들끼리 그룹으로 묶어놓은 것

처럼 보이기도 하네요. 친구가 싫어진 이유들이 친구가 싫어

졌다는 하나의 메시지 그룹으로 묶이고, 싫어진 이유 가운데 하나인 별명을 불렀다는 메시지를 중심으로 별명이 싫은 이유들이 묶이고요."

"맞는 말이야. 그 관계가 바로 논리적인 관계라고 할 수 있고."

"그런데 아래 쪽의 것들이 바로 위의 것으로 요약된 것처럼 보이기도 해요."

"맞아. 위에서 아래로 내려다보면 관계 있는 것들끼리 그룹 핑(Grouping)이 된 것이고, 아래에서 위로 올려다보면 아래의 것들이 바로 위의 것으로 요약되는 모습이 돼. 이런 그룹핑과 요약이 피라미드 구조를 이해하는 핵심이야……."

차분하지만 힘있는 목소리를 쏟아내고 있는 멀린 선배의 얼굴 위로 창밖 휘영청 밝은 보름달의 달빛이 쏟아지고 있다.

 틀을 갖춘 생각

"여보, 이제 그만 일어나요."

"응?" 아내의 말에 류가 눈을 비비며 정신을 차렸다. 어젯밤 멀린 선배와 헤어진 게 꼭 방금 전 일만 같다.

"당신, 많이 피곤한가 봐. 이번 주엔 내내 야근에다 어제는 토요일이었는데도 회사에 나갔다 오고. 밤새 못 자고 뒤척이는 거 같던데, 오늘은 웬일로 늦잠까지 자고……. 회사 일 많이 힘들어요?"

류가 누운 몸을 일으키며 말했다.

"아니야, 힘들긴. 그냥 지난번에 얘기했던 거 있지? 선배한테 배우는 거 말이야. 그게 잘 소화가 안 돼서 그래."

"소화가 안 되면 소화제를 먹으면 되지?"

아내가 배시시 웃으며 말하자 류도 풋 하고 웃었다. 비록 썰렁한 농담이지만, 아내는 예전처럼 류에게 농담을 던지고 있다. 최근 들어 아내와 다시 많이 가까워진 느낌이다.

"여보, 오늘은 나한테 뭐 물어볼 거 없어?"

갑작스런 류의 질문에 아내가 어리둥절한 표정을 지었다.

"왜, 지난번 처남 문제나 당신 접촉사고 문제 같은 거 말이야."

"아……. 또 배운 거를 응용해보려고 그러는구나. 그런데 오늘은 없는데 어쩌지?"

흠흠, 공교로움은 지난번으로 끝났군.

"여보, 안 풀리는 걸 가지고 너무 붙잡고 있지 말고 머리 좀 식혀요. 우리 이따가 신톈띠 ^{新天地, 상하이에서 널리 알려진 패션의 거리로, 유럽풍의 노천거리와 고급 식당으로도 유명함} 쪽으로 구경이나 갈까?"

하긴, 아내 말처럼 잠시 접어두고 머리나 식히는 게 낫긴 하겠다.

"그래, 그것도 괜찮겠네. 그럼 당신 번역 일 마무리하면 저녁 먹을 때 맞춰서 나가지. 오랜만에 외식도 할 겸."

밝아진 아내의 얼굴에 류는 미소를 지었다. 그럼 아내가 일을 마칠 때까지 잡지나 볼까. 류는 소파 옆 테이블에 놓여 있는 잡지를 집어들었다. 한두 장 넘기다보니 최근 한국에서 붐이 일고 있다는 미니돼지 분양에 관한 기획특집 기사가 눈에 띄었다.

"…… 애완용 미니돼지 분양이 인기다. 평소 애완돼지에 관심이 있었지만 막상 기르지는 못하고 있던 사람들이 정해년 황금돼지해를 맞아 애완용 미니돼지를 구입하는 사례가 늘고 있다……."

애완돼지? 이런 것도 있었나. 류는 호기심이 일어 기사를
읽기 시작했다.

"…… 미니돼지는 다 자라도 키는 40~60cm 정도, 몸무게는
60kg을 넘지 않게 개량된 품종으로 보통 돼지에 비해 크기가 작
고 귀여운 데다 코가 짧고 꼬리는 직선형인 특징을 갖고 있는 등
외모가 매력적이어서 전 세계적으로도 애완용 동물로 인기가 많
다. 또한 미니돼지는 지능이 높고 후각이 발달해서 일정한 곳에
신문지를 깔아두고 배변 훈련을 시키면 대소변을 가릴 줄 아는
등 일반 가정에서도 애완견처럼 관리하기가 수월하다고 전문가
들은 입을 모은다. 사료도 비교적 적게 먹고, 깨끗하며 냄새가 잘
나지 않으면서 면역력도 좋아 병원비 등의 부대 비용이 특별히
들지 않는 것도 장점이다. 다만 미니돼지는 기온에 민감해 추위
나 더위에 약하다. 그것만 주의한다면 별 다른 어려움 없이 건강
하게 키울 수 있다……."

흠, 흥미롭군. 류는 기사를 다 읽고서는 잡지를 한구석으로
밀쳐두었다. 미니돼지나 한번 키워볼까? 그런데 미니돼지가

왜 키우기 좋다는 건지 한눈에 확 들어오지는 않네. 이때, 류의 머리에 무언가가 스쳐지나갔다. 핵심적인 메시지와 근거가 뒤섞여 있는 것 같다. 무슨 이야기인 줄은 알겠는데 선뜻 와 닿지가 않는다. 아, 가만 있자. 이건 멀린 선배가 했던 얘기 아닌가.

조금 전에 읽은 기사를 프레젠테이션 자료 측면에서 본다면 흐름이 자연스럽지가 않았다. 이걸 자연스럽게 바꾼다면 어떻게 될까. 류는 기사에 나온 내용을 피라미드 원칙에 따라서 정리해보기 시작했다.

일단 가장 큰 이야기는 '미니돼지를 애완용으로 키우기'이다. 미니돼지가 애완용으로 키우기에 좋은 이유는 무얼까. 외모가 매력적이고, 관리하기가 쉽고, 비용이 적게 들기 때문이라고 했다. 그런데 크기가 작고 귀엽다는 것과 코가 짧고 꼬리가 직선이라는 건 외모가 매력적이라는 것과 관계가 있다. 무엇이 무엇을 뒷받침하는 것일까. 크기가 작고 귀엽다는 것과 코가 짧고 꼬리가 직선이라는 것은 외모가 매력적이라는 것의 이유가 되면서 결론적으로 이를 뒷받침하는 것일 게다.

그렇다면 관리가 쉽다는 것의 구체적인 내용은 뭘까. 후각

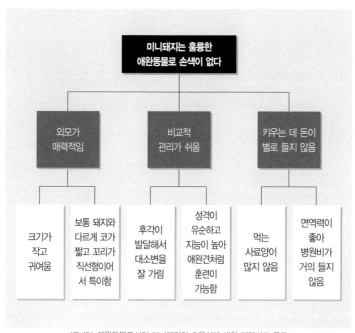

<표 15> 애완동물로서의 미니돼지의 효용성에 대한 피라미드 구조

이 발달해서 대소변을 잘 가린다는 것과 애완견처럼 훈련이
가능하다는 것이 근거겠지. 키우는 데 비용이 별로 들지 않는
다는 얘기의 근거는 먹는 사료의 양이 많지 않다는 것과 면역
력이 좋아 병원비가 들지 않는다는 것이 될 테고. 기사 내용
을 하나씩 짚어가면서 그룹핑과 요약의 과정을 밟아나가다
보니 류는 그 기사를 <표15>와 같은 피라미드 구조로 만들

수 있었다.

확실히 이렇게 구성해놓고 보니까 핵심 메시지가 명확히 보이고, 그 메시지가 도출된 과정이 한눈에 들어오는 장점이 있는 듯하다. 앞서 기사에서 이것과 똑같은 내용을 보았지만, 그것은 단순한 나열이었을 뿐 이처럼 구조화되어 있지는 않다. 사실 내용은 같은데, 구조화에 대한 고민이 이렇게 다른 결과를 가지고 올 줄 몰랐다.

그렇다. 솔직히 류는 이전까지는 '내가 전달하려는 메시지가 옳으니 무조건 들어라' 라는 태도를 갖고 있었다. 핵심이 중요하지, 그 이외의 것은 그저 포장에 불과하다며 대수롭지 않게 여겼던 것이 사실이었다.

하지만 류는 이제 알 것 같았다. 같은 재료라 하더라도 그것을 어떻게 요리하느냐에 따라 음식의 맛이 달라질 수 있고, 같은 시나리오라 하더라도 그것을 어떻게 연출하느냐에 따라서 전혀 다른 영화가 탄생한다. 그런데 이제 보니 전달도 마찬가지였던 것이다. 같은 내용이라 하더라도 어떤 생각과 고민을 바탕으로 구조화하는가에 따라 메시지의 전달 효과에는 큰 차이가 나타나는데, 이것을 어떻게 '포장'으로 치부할 수 있다는 말인가.

이제 멀린 선배가 말하고자 했던 '전달'의 의미는 어느 정도 머릿속에 새겨진 듯하다. 류는 스스로의 깨달음에 만족스러워하며 한껏 기지개를 켰다.

"여보, 나가자. 나 오늘 일은 마무리했어."

아내가 방에서 얼굴을 내밀고 말했다.

"그럴까?" 대답하는 류의 마음은 한결 가벼워졌다.

 엘리베이터 테스트

"자, 우리가 지난 한 달 반 가까이 해온 일들을 돌이켜봅시다. 우리는 '본사가 2년 이내에 10퍼센트의 영업이익률을 달성하고, 향후 지속가능한 성장의 발판을 마련하기 위해서는 중국 사업 부문을 어떻게 해야 하는가?'라는 핵심 질문에서 시작해서 이슈트리를 작성했고, 고려 가능한 이슈들을 우선순위화했습니다."

멀린 선배가 이야기해 준 마지막 단계인 '전달', 그러니까 사장 보고자료 작성을 위해 소집된 팀 미팅 자리다. 류는 말을 잠시 멈추고 팀원들의 얼굴을 하나씩 바라보았다. 모두들 여기까지 진행해온 일들을 돌아보며 생각에 잠겨 있는 듯했다. 팀원들의 표정이 뿌듯해 보였다. 류는 자신의 목소리가 다소 떨리고 있음을 느끼고는, 마른 헛기침을 한 뒤에 말을 이었다.

"그리고 매트릭스 분석 도구를 이용해서 일부 대안의 우선순위를 조정한 뒤에 브랜드 관리, 신규 유통채널 확보 등을 중심으로 새로운 방식의 통찰을 통해 시사점을 도출하고, 이제 최종 전략대안까지 완성했습니다." 류의 목소리가 조금 높아졌다.

"여기까지는 사실 우리 중 그 누구도 '가지 않은 길'을 걸어온 셈입니다. 고생스러웠겠지만 먼 길을 잘 따라와 준 여러분들에게 고맙습니다. 자, 우리 서로에게 격려하고 감사하는 뜻에서 박수 한번 칩시다."

박수 소리는 그 어느 때보다 우렁찼다. 모두의 얼굴에는 환한 미소가 피어났다.

"하지만 여기가 끝이 아닌 걸 잘 아시죠? 마무리를 정말 잘해야 합니다. 다시 말하자면, 그동안 갖춰놓은 재료를 바탕으로 보고서를 잘 쓰는 일이 우리 앞에 남아 있습니다. 그렇다면 보고서는 어떤 식으로, 어떻게 구성해야 할까요? 기존의 관행과는 차별화된 보고서가 필요할 텐데요. 그에 대한 여러분의 생각을 듣고 싶습니다."

알아서가 손을 들었다.

"예, 일단 제 생각에는 저희가 진행하고 있는 분석 자료를 바탕으로 중국시장 및 경쟁사 현황에 대한 내용을 먼저 보여드리려고 합니다. 이어서 중국시장에서의 회사 현황을 보여드리고, 마지막으로 저희가 생각하고 있는 내부운영 효율화 방안을 보여드리면 되지 않을까 싶습니다."

무대포가 거들었다.

"그렇습니다. 일단 방대한 자료를 먼저 보여드리면 우리가 짧은 시간 동안 많은 일을 했다는 것을 사장님이 아시게 되고, 그 노력을 인정해주시겠죠. 또한 미리 많은 정보를 드리고 나면 저희가 나중에 최종 결론을 이야기할 때도 부드럽게 잘 전달될 수 있을 듯합니다. 그런 점에서 알 대리의 의견에 동의합니다."

역시 대개는 이렇게 생각할 수밖에 없나 보다. 하기야 류 자신도 그렇지 않았는가. 이번에도 류가 준비해둔 카드, 피라미드 원칙을 꺼내들 수밖에 없는 상황이다. 류는 일단 질문을 던졌다.

"한번 따져봅시다. 우리가 이 프레젠테이션을 하는 목적이 뭔가요? 우리가 그동안 준비한 자료를 공유하고 많은 일을 했다는 것을 보여주는 자리인가요? 아니면 우리가 내린 결론을 설득하는 자리인가요?"

무대포는 당연한 것을 왜 묻느냐는 듯한 표정을 지었다.

"물론 설득하는 것이 주요 목적이겠죠. 하지만 말씀드린 대로 그렇게 하기 위해서는 저희 팀에서 준비한 방대한 자료도 같이 보여드리는 게 많은 도움이 될 것입니다. 또 그 자료들 가운데 사장님께서 필요로 할 만한 자료가 있을 수 있고요. 그리고 대개 보고서가 두꺼우면 뭔가 잘한 것 같잖아요?"

이때 기획통이 손을 들었다.

"무대포 과장님, 팀장님 말씀대로 이번 프레젠테이션의 결과에 대한 결정권자는 우리 팀이 아니라 청중, 특히 사장님입니다. 보고 자리에서 우리가 한 많은 일을 보여주기 위해서 자료를 설명하는 것은 청중의 입장에서 생각한다면 좋은 결정이 아닌 것 같습니다."

"그래도 기 과장, 시간도 충분한데 일부러 그럴 필요는 없잖아."

무대포가 답답하다는 듯이 말하자, 신중해가 한마디 던졌다.

"무 과장, 시간이 우리 결정의 변수는 아닌 것 같아요. 혹시 엘리베이터 테스트라고 들어봤나요?"

"엘리베이터 테스트요? 글쎄요."

무대포는 잘 모르겠다는 듯이 고개를 갸우뚱하면서 신중해를 바라보았다.

"예를 들어 무 과장이 열과 성을 다해서 몇 개월간 준비한 프레젠테이션을 위해서 대기하고 있는데, 사장님이 오시더니 '미안합니다. 내가 중요한 일이 갑자기 생겨서 이 미팅에 참석할 수 없습니다. 대신 당신이 나와 함께 엘리베이터를 타고 내려가면서 그동안 준비한 결과에 대해서 설명해줄 수 있겠소?'라고 말하는 상황을 맞이했습니다. 엘리베이터가 내려가는 약 30초의 시간 동안 무 과장이 준비한 결론과 메시지를 설명할 수 있을까요? 그래서 사장님을 설득할 수 있을까요? 이것이 엘리베이터 테스트입니다."

"실제로 그런 일이 있을 수 있나요? 아무리 사장님이라도 몇 달 전부터 잡혀 있는 회의 일정을 마음대로 취소하시는 일은 거의 없잖아요."

아무래도 안 되겠다. 류가 끼어들었다.

"물론 신 차장이 가정한 상황이 실제로 발생할 가능성은 높지 않습니다. 하지만 때로는 결과를 보고할 충분한 시간이 허락되지 않을 수도 있어요. 그러나 그보다 더 중요한 점은 이 테스트의 목적이에요. 최악의 경우 30초 내로 우리가 전달하고자 하는 메시지를 이야기하고 설득할 수 있을 정도로, 결론과 이를 뒷받침하는 중요 근거 위주로 보고가 준비되어야 한다는 것이지요."

류는 화이트보드에 다가서서 피라미드 원칙에 관한 내용을 적고 말을 이었다.

"우리가 지금까지 해온 문제 해결 과정은 무 과장이 이야기한 대로 자료를 모으고 분석을 해서 종합하는 과정이었어요. 물론 이러한 과정은 모두 우리가 이야기하고자 하는 메시지를 전달하기 위해 거친 거고요."

무대포는 류가 무슨 이야기를 하려고 하는지 궁금한 표정으로 류와 화이트보드를 번갈아 바라보고 있었다.

"하지만 이러한 해결책을 전달하는 과정은 오히려 그 반대가 되어야 합니다. 즉 자료와 분석 위주가 아니라 우리가 전달하고자 하는 메시지를 정하고, 그 메시지를 가장 효율적으로 뒷받침할 수 있는 분석과 자료를 보고할 수 있도록 만들어야 해요. 보고서를 작성하고 프레젠테이션을 한다는 것은, 지금까지의 분석 과정을 단순히 보고서로 만들어서 발표하는 단순한 작업이 아니에요."

류는 중요성을 강조하려는 듯 잠시 침묵을 지켰다.

"그것은 우리가 전달하고자 하는 메시지 위주의 스토리를 만들고, 그 스토리에 맞도록 분석 및 자료를 구조화하는 또 하나의 창조 과정입니다."

무대포는 그동안 알고 있던 것과는 다른 이야기를 하고 있는 류가 잘 이해되지 않는다는 듯한 표정으로 바라보고 있었다.

"이러한 메시지의 구조화를 위해서 '피라미드 구조'를 활용한 체계화가 필요합니다……"

류와 그의 목소리를 경청하고 있는 팀원들이 모여 있는 회의실 바깥으로 어느덧 짙은 어스름이 깔려오기 시작했다.

"여기까지가 저희 중국사업팀에서 준비한 보고 내용입니다.
경청해주셔서 감사드립니다."

예정된 두 달이 모두 지나고 맞이한 운명의 시간. 중국사업
팀 턴어라운드 방안에 관한 류의 프레젠테이션 세션이 막 마
무리되었다. 류는 프레젠테이션을 마치면서 목례와 함께 자
리에 앉았다. 프레젠테이션 내내 그 질문 많다던 사장은 말없
이 듣고만 있었다. 프레젠테이션에 대해 질문이 없는 것은 질
문이 있는 것보다 나쁜 징조라는 속설이 떠올랐지만, 류의 마
음은 이상스레 평온했다.

문득 류의 머릿속에는 지난 2개월의 시간이 주마등처럼 스
쳐지나갔다. 어제까지 작업에 몰입했던 피라미드 구조를 포
함해서 이슈트리, MECE, So What?, Really?에 이르기까지
……. 팀원들은 새로운 것을 배우는 즐거움을 느끼며 일에 몰
입해 왔고, 그것은 류도 마찬가지였다.

그러나 배움의 기쁨은 결국 결실로 이어져야 한다. 그제와
어제, 팀원들 모두가 늦은 시간까지 남아서 보고서의 구조화

에 전력투구했다. 류와 팀원들이 심혈을 기울여 뽑아낸 시사점들과 이를 바탕으로 내린 결론에 대해서 모두들 자부심을 가졌다. 하지만 거기에 그치지 않고, 그 메시지들이 하나의 완전한 피라미드의 모양을 갖출 수 있도록 모두가 끈기 있게 매달렸다. 과연 무엇 때문이었는가. 모두 오늘 이 자리에서 사장에게 제대로 '전달'하고 사장으로부터 중국사업팀의 존속 결정을 이끌어내기 위함이 아니었던가.

그 마지막 순간을 넘어선 지금, 갑자기 머리가 멍해졌다. 그리고 팀원들의 얼굴이 떠올랐다.

서울로 떠나는 오늘 아침, 류는 팀원들에게 적당히 쉬면서 기다려 줄 것을 당부했지만 등 뒤로 팀원들의 간절한 마음이 담긴 시선을 느낄 수 있었다. 류 자신과 그들의 간절한 소망이 과연 이루어질 수 있을까?

그리고 또 한 사람, 멀린 선배가 떠올랐다. 멀린 선배한테 배운 마법이 통할까? 아니다. 류는 그 질문 자체가 이제는 불필요한 것이라고 생각했다. 스스로가 '체계화−통찰−전달'로 이루어지는 흐름의 힘을 온몸으로 느끼고 있기에, 또 최선을 다했기에 유감은 없다.

"짝, 짝, 짝"

진인사대천명(盡人事待天命)을 되뇌고 있던 류의 귓가에 낭랑한 박수 소리가 들려왔다. 고개를 돌리자 뜻밖의 광경이 펼쳐지고 있었다. 류에게 그렇게 적대적이었던 사장이 박수를 치고 있다. 이게 웬일인가. 기쁨보다도 어리둥절함에 어쩔 줄 몰라 하는 류를 바라보며 사장이 미소를 지으며 말했다.

"류 팀장, 아주 좋습니다. 우선 류 팀장이 말하고자 하는 여러 이슈들이 체계적으로 잘 정리되어 있군요. 그러면서도 현재 상황에 대한 적절한 통찰이 담겨 있고, 그러한 통찰들이 결론을 뒷받침할 수 있도록 잘 구조화되어 있어 전달이 잘되었습니다."

어럽쇼. 사장도 '체계화-통찰-전달'을 알고 있었던 건가? 류는 보고서의 핵심을 꿰뚫고 있는 사장의 모습에 안도하는 한편으로 의아함마저 들었다.

"우리 회사에 이렇게 멋진 보고자료를 만들 수 있는 사람들이 있다는 것이 무척 자랑스러울 정도입니다."

어라, 갈수록 태산일세. 류의 얼굴이 상기되기 시작했다. 배석한 공 전무의 얼굴도 밝아졌다. 반면 가일은 사장의 뒷자리에서 일그러진 표정을 짓고 있었다.

"류 팀장의 프레젠테이션을 내가 전에도 몇 번 들었지만…… 정말이지 괄목상대로군요."

이 말은 칭찬인지 아닌지 잘 모르겠다. 류가 그전에 프레젠테이션한 것을 사장은 그리 높게 평가하지 않았다는 이야기니까. 하지만 그런 건 지금 아무래도 좋다. 사장은 아직 류가 듣고 싶은 이야기를 하지 않고 있다.

'제발 중국사업팀은 계속될 거라고 말을 좀 해주세요!'

류는 자신도 모르게 나직이 중얼거리고 있었다.

"하지만 어찌되었든 가 상무가 준비한 보고도 있으니 가 상무의 발표를 모두들 함께 들어봅시다. 잠시만 쉬었다가 계속하지요."

하긴, 사장이 류의 보고만으로 중국사업에 대해 결단을 내릴 리는 없는 것 아닌가. 류는 자신의 성급함에 쓴웃음을 지었다.

> > >

가일이 이제 막 프레젠테이션을 마쳤다. 가일은 특유의 청

산유수 같은 언변을 앞세워 이번에도 좌중을 휘어잡았다. 프레젠테이션 중간 중간 비웃는 듯한 미소를 류에게 날리는 여유를 보이기도 했다.

가일이 발표를 모두 마치자 장내는 순간 조용해졌다. 참석자들을 바라보는 가일의 표정에는 자신감이 넘쳐보였다. 그러나 사장의 반응은 뜻밖이었다.

"질문을 좀 해야겠어요."

가일의 얼굴에 잠시 당황스런 빛이 스쳤다. 사실 그건 가일만이 아니라 류도 마찬가지였다. 왜냐하면 사내 제일의 프레젠테이터로 알려진 가일에게 사장이 질문을 하는 것을 본 기억이 없기 때문이었다.

하지만 질문은 있을 수 있다. 문제는, 간단한 질문과 답변이 이어진 그 다음이었다.

"난 가 상무 보고 내용이 좀 불편해."

이건 또 웬일인가. 가일의 보고 내용이 불편하다니? 저어도 가일은 이런 지적을 항상 피해가던 존재 아니었던가.

"비교하는 건 좀 그렇지만, 류 팀장 보고와 함께 놓고 봅시다. 우선 가 상무의 발표 자체는 훌륭했어요. 이야기하고자 하는 내용은 내 입장에서 잘 이해했습니다. 하지만 그것 말고는 거슬리는 게 많아요. 우선 검토가 필요한 모든 이슈들을 체계적으로 검토하지 않았고, 둘째 남들 따라하자는 것뿐 제대로 된 통찰이 없고, 셋째 보고서 구조가 나열식으로 흘렀어."

장내가 술렁이기 시작했다. 류도 그랬다. 사장이 이렇게 신랄하게 조목조목 지적할 줄이야. 사장의 말은 계속됐다.

"자, 그럼 내가 체계적이지 못하다고 지적한 것부터 얘기해 봅시다. 가 상무가 보기에 중국 화장품시장에서의 핵심 성공 요소(Key Success Factor, KSF)는 뭐라고 생각해요?"

"가격 경쟁력입니다." 가일이 대답했다.

"그거 하나면 돼요?"

전에 없이 공격적인 사장의 반문이 이어졌다.

"가 상무 얘기는 가격 경쟁력이 제일 중요하다는 것인데, 그것 외에도 핵심 성공 요소는 많이 있을 거예요. 그런 여러 요소가 도출된 과정, 그 가운데에서도 가격이 제일 중요하다는 결론에 이르기까지의 과정이 지금 발표 내용에서는 안 보인다는 거죠."

"아닙니다, 사장님. 굳이 포함시킬 필요가 없다고 봤습니다. 핵심적인 성공 요소만 제시하고 그것을 실행할 역량을 확보하는 게 가장 효과적인 전략이라고 봤기 때문입니다."

가일은 조금씩 둘러대기 시작했다.

"굳이 포함시킬 필요가 없었다는 말은, 볼 건 다 봤다는 건데……. 그렇더라도 무엇 무엇을 보았고 그 결과를 종합해보니 이러이러한 것이 중요하다는 결론을 내리게 되었다는 스토리 정도는 표현했어야 하는 것 아닌가요?"

"네, 사장님. 발표본이라서 결론 위주로 간략히 보여드린 것일 뿐이고, 풀 스토리는 따로 정리되어 있습니다."

역시 임기응변에 능한 사람이다. 다른 사람이라면 둘러대는 것이 금세 표가 나는 상황일 텐데, 가일은 다 알고 이야기하는 것처럼 들린다.

"좋습니다. 그럼 가 상무가 이 보고에서 생략한 스토리를 지금 얘기해보세요. 시간은 많으니까"

사장이 뭔가 단단히 작심한 모양이다. 가일은 머뭇거리고 있다.

"저, 그게……."

"우리 회사 현황은 좀 봤어요?"

"그거야 여기 계신 분들은 기본적으로 아실 만한 것들이
라……."

"중국 소비자들 성향은요?"

"그것도 대체로 저가격 지향적인 것으로 알려져 있어
서……."

사장이 말을 끊었다.

"가 상무, 당신은 지금 내가 물어본 것들을 제대로 분석하
지 않았어. 보아하니 남들 하는 것 대충 보니까 가격이 중요하
다고 결론을 내린 모양인데, 그게 정확한 결론일 수도 있어
요. 그렇지만 그 과정이 약해. 한마디로, 중국시장에서의 이
슈에 대해 체계적으로 접근하지 않은 거지."

"……."

"중국시장 진출 하나만 놓고 봐도 참으로 다양한 이슈들이
있을 수 있어요. 가격은 마케팅에 관한 거니까 그 영역만 해도
제품, 유통, 판촉에서 이슈가 생길 수 있지요?"

"사장님, 그 부분은 저희도 검토를 했습니다만……."

"검토했다면 대답해봐요. 브랜드 전략 검토 내용은 어땠어
요?"

"그건 제가 분석을 수행하지 않아서 즉답하기가 좀……."

이때였다. 쾅! 소리와 함께 사장의 고함 소리가 들린 것은.

"가 상무, 당신 그러고도 상무야?"

류는 깜짝 놀라 고개를 들었다. 이게 웬일인가. 사장이 테이블을 손으로 내리친 것이 아닌가. 사실 한 성질한다는 건 알고 있었지만, 류로서는 처음 보는 일이었다. 가일의 얼굴은 하얗게 질려 있었다.

"물론 당신이 모든 분석을 할 순 없지. 그래서 팀원들이 있는 거지. 그렇지만 팀원들이 어떤 분석을 해서 어떤 결과를 얻게 되었는지는 꿰고 있어야 할 거 아니오? 당신은 대충 관리 업무나 하면 되는 줄 아나?"

가일, 오늘 제대로 딱 걸렸다.

"통찰이 부족하다는 얘기로 넘어가봅시다. 사실 이게 내가 가 상무 보고에서 제일 거슬리는 건데, 남들 얘기는 많이 거론했으면서 정작 그게 우리에게 어떤 의미가 있는지 나와 있지 않다는 거요. 한마디로 팩트들이 어떤 시사점을 주는지 통찰한 게 없어. 그런 상황에서 참고자료만 잔뜩 나열하면 뭐하죠?"

"사장님, 참고자료라기보다는 경쟁사 동향을 통해 우리가 나아갈 길을 제시한 것입니다만……."

"허허, 이 사람 보게. 아까 경쟁사 동향이랍시고 한 얘기들, 다 몇몇 업체들 벤치마킹뿐이야. 그것도 그냥 따라만 하자는 것이고. 남들 따라만 하면 영원히 2등밖에 못해. 우리가 중국 들어간 게 당장 처음부터 시장점유율 1등 하자는 건 아니었어도 뭔가 어떤 분야, 예를 들어서 색조화장품 부문에선 몇 년 내에 1위를 하겠다는 목표 정도는 갖고 들어간 거 아니었나요? 그런데 남들 우루루 나온다고 해서 우리도 따라 나오면, 어떻게 남들을 앞설 수 있나?"

"……."

"이 자리에 있는 다른 임원들도 똑똑히 들으세요. 우리 회사 임원들이 벤치마킹 좋아한다는 거, 나도 알고 있습니다. 컨설팅하는 사람들이 그럽디다. 우리 회사에서 발주하는 프로젝트에서는 벤치마킹 사례만 잘 준비하면 박수 받는다고……. 하지만 내 이 자리에서 분명히 말해둡니다. 벤치마킹은 어디까지나 참고자료일 뿐입니다."

가일뿐 아니라 다른 임원들도 조용해졌다.

"사장님, 하지만 모방은 제2의 창조라는 말도 있지 않습니까? 제 얘기는 단지 경쟁사의 동향을 우리 입장에서 잘 활용하자는 취지였을 뿐입니다."

가일의 말에 사장은 차갑게 말했다.

"당신, 말은 활용이라고 하는데, 통찰이 없는 활용은 베끼는 것에 불과한 걸 모르나?"

"네?"

"학교 다닐 때를 생각해봐요. 1등 하는 애가 하는 대로 따라만 하면 정말 1등 할 수 있던가요?"

"……."

"1등 하는 친구가 어떻게 공부하는지는 분명히 조사해봐야겠지. 하지만 그 친구는 내가 아니란 말이거든. 그 친구가 하는 것들이 다 나한테 맞을 순 없어요. 난 아침형 인간이고 그 친구가 저녁형 인간이라면, 그 친구가 새벽 두 시까지 공부하는 걸 따라한다고 무슨 효과가 있겠나?

"……."

"중요한 건 두 시까지 공부한다는 게 아니라 하루에 모두 몇 시간을 공부에 투자하는지, 그리고 그 시간을 과목별로 어떻게 배분하는지, 예습이든 복습이든 어떤 학습 방법으로 시간을 쓰는지를 봐야만 아침형 인간인 내가 응용할 수 있는 공부 방법이 나오는 건 아닌가요?"

가일, 꿀먹은 벙어리가 되었다.

"자, 가 상무. 이제 당신 보고서에 대해서 내가 뭘 불편해하는지 이해가 됐지? 이슈를 체계적으로 검토하질 않았으니까 제대로 된 통찰이 나오질 못하고, 제대로 된 통찰이 없으니까 당신의 결론이 적절히 뒷받침되지 못한 거라고. 그러니까 팩트 나열, 벤치마킹 나열, 그리고 결론이 나온 것 아닌가. 그나마 당신이 발표를 잘 하는 사람이니까 이해는 잘됐지만, 아마 프레젠테이션에 서툰 사람이 발표했다면 이해도 잘 못했을거야."

사장은 보고서를 덮으며 말을 이었다.

"가 상무한테는 미안한 말이지만 이 보고서로는 안 되겠어. 중국사업 접자는 건 당신의 감(感)밖에 안 돼. 이게 우리 회사의 미래를 좌우할지도 모르는 중대 사안인데, 당신 감에 기대서 결정을 내렸다가 결과가 나쁘기라도 하면 당신 혼자 책임질 건가?"

가일이 갑자기 고개를 들고 결연한 태도로 말했다.

"네, 사장님. 전 제 결론에 자신 있습니다. 결과가 잘못되면 기꺼이 옷을 벗겠습니다."

"이 사람, 오버하는군. 이봐, 당신 옷 벗으면 끝나나? 이 회사가 기울면 당신 한 사람만으로 끝날 문제가 아니잖은가 말이야!"

충성 발언으로 만회해보려는 시도도 사장의 한마디에 한갓 쇼로 전락해버렸다. 가일의 얼굴이 드디어 벌겋게 달아오르기 시작했다.

"어쨌든, 가 상무 보고까지 모두 받은 시점에서 내가 내릴 수 있는 결론은 한 가지입니다. 류 팀장!"

류는 그 다음에 이어질 말이, 앞서 발표한 직후에 자신이 그토록 듣기를 원했던 말임을 직감했다.

"류 팀장에게 기회를 주겠습니다. 지금 입안한 계획에 따라 일을 진행하세요. 현재의 중국사업팀 체제도 물론 그대로 갑니다. 필요한 지원은 본사 차원에서 아끼지 않겠습니다."

비로소 류의 얼굴에 화색이 돌았다. 중국에서 프레젠테이

선의 결과를 초조하게 기다리고 있을 팀원들의 얼굴이 하나
둘씩 떠올랐다.

> > >

사장실 밖으로 펼쳐져 있는 서울 하늘은 류의 마음만큼이
나 쾌청하다. 프레젠테이션이 끝난 뒤 사장은 류를 자신의 방
으로 따로 불렀다. 실로 오랜만의 사장과의 독대. 류에게 힘을
실어주겠다는 제스처인가.

사장의 말이 이어지고 있다.

"류 팀장, 잘 들어요. 그간 여러모로 섭섭함이 있었을 거야.
하지만 나는 중국에서 일을 하는 사람들이 흔히 빠지는 생각,
그러니까 '본사는 어떤 일이 있어도 중국시장을 포기할 리 없
다'는 생각에서 오는 안일함에 류 팀장과 팀원들이 사로잡혀
있다는 판단을 했던 거요."

항변하고 싶은 마음이 없지 않았지만, 류는 말없이 듣고 있
었다.

"그런 정신 상태면 백날 사업을 해봐야 말짱 헛일이거든.

그래서 중국사업을 원점에서 재검토해야겠다고 결심했었지. 하지만 오늘 보니 그런 내 생각은 오해였던 것 같네. 이제 류 팀장에게 기회를 주지 않으면 내가 나쁜 사람이 되겠지?"

미소 띤 사장의 얼굴을 바라보며 류가 말했다.

"아닙니다, 사장님. 어쩌면 이번 기회에 저도, 저희 팀원들도 한층 발전할 수 있었습니다. 오히려 감사드립니다."

"그렇게 얘기해주니 고마운 걸. 다만, 류 팀장……."

사장은 일어서서 류의 어깨를 두드리며 말했다.

"실행이 중요해요. 지금 류 팀장이 발표한 것은 전략일 뿐이야. 모름지기 전략이란 실행되지 않으면 휴지조각에 불과한 것 아니오?"

이것은 류도 동의하는 바다. 실행이 따르지 않는 전략은 한낱 뜬구름일 뿐이기에.

"어떤 일이 있어도 중국사업팀이 계속되는 게 아니라는 사실 명심하세요. 내가 '안 되는 사업'은 과감하게 접는 거, 류 팀장도 잘 알지? 보고 내용이 현실에서 이루어질 수 있도록 실행에 최선을 다해줘요."

류의 대답에 힘이 실렸다.

"넷, 사장님."

> > >

상하이로 돌아오는 비행기에서 류는 창밖을 내다보며 지난 2개월을 돌아보았다. 그 2개월이 시작된 바로 그날, 류는 지금처럼 상하이로 돌아오는 비행기 창밖에서 무지개를 만났다. 하늘에서 보는 무지개가 행운을 상징한다는 말은 거짓이 아니었던 것일까? 하늘에서 무지개를 보고 나서 멀린 선배를 만날 수 있었고, 그로부터 어려움을 헤쳐 나갈 수 있는 '마법'을 배웠으므로.

전달 >>> 구조화된 커뮤니케이션을 하라
| 피라미드 원칙, 그룹핑, 요약 |

　문제 해결의 근본 목적은 실행 가능한 문제 해결 방안의 수립과 함께 그 방안이 설득력 있는 전달을 통해 실제 성과로 이어지도록 하는데 있으며, 이를 위해서는 문제를 해결하는 과정에서와는 다른 접근방법이 필요하다.

　아래 그림에도 나와 있듯이 문제 해결 과정은 이슈를 체계화한 다음, 자료 조사 및 분석을 통해 필요한 메시지, 즉 결론을 도출하는 것이 일반적이다. 그러나 설득력 있는 전달을 위해서는 이와는 반대로 문제의 해결책, 즉 메시지를 먼저 전달한 후 이의 근거가 되는 분석 및 자료를 제시하는 것이 더욱 효과적이다.

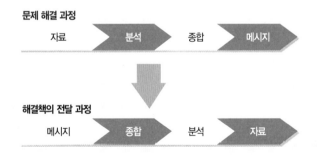

　설득력 있는 전달을 위해 꼭 고려해야 하는 것이 '피라미드 구조'를 통한 체계적인 커뮤니케이션이다. 맥킨지 컨설턴트 출신의 바바라 민토가 저술한 『논리의

기술 *The Minto Pyramid Principle*』을 통해서 알려지기 시작한 피라미드 구조는 맥킨지를 포함한 전략 컨설팅 회사에서는 컨설턴트 교육 과정에 반드시 포함하는 주요 과정 중의 하나이다.

고객사의 최고 경영자 및 임원 등을 대상으로 설득력 있는 해결책을 제시하는 것이 주요 임무인 컨설턴트들에게는 이러한 피라미드 구조를 습득하고 사용하는 것이 그만큼 효과적이기 때문이다. 피라미드 구조를 사용할 경우 다음과 같은 효과를 기대할 수 있다.

- 전달하고자 하는 메시지를 상대방이 명확히 이해할 수 있게 하며,
- 메시지 전달에 불필요한 내용을 제거하고,
- 명확하고 간결한 커뮤니케이션이 가능하도록 해준다.

이러한 피라미드 구조의 대표적인 예를 보면 오른쪽 표와 같다.

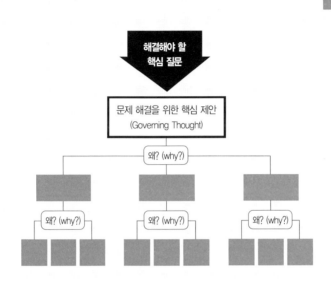

  핵심 질문에 대한 제안이나 권고안은 보통 해결해야 할 핵심 질문에 대한 한 문장의 답변을 말한다. 이러한 핵심 제안(Governing Thought)을 먼저 전달한 후 이러한 제안의 근거가 되는 논리 및 데이터를 제시하는 것이다. 아래로 내려가면서 왜 그러한지에 대한 대답을 제시해가는 과정이 피라미드 구조인 것이다. 이처럼 피라미드 구조를 바탕으로 하는 커뮤니케이션은 듣는 사람들로 하여금 이슈에 대한 해결책 및 그 이유를 명확하게 이해할 수 있도록 함으로써 제안의 설득력을 크게 높일 수 있다.

>>>>>
에 필 로 그

아무도 묻지 않았던 것

인민광장(人民廣場) 근처의 커피숍 창 너머로 늘 그랬던 것
처럼 뿌연 상하이의 하늘이 펼쳐져 있다. 테이블 건너편에 눈
을 지그시 감고 있는 멀린 선배와 류 사이로 갓 볶은 원두의
그윽한 향기가 흐르고 있다. 하지만 멀린 선배의 한 마디에 그
평온함이 깨져버렸다.

"당분간은 아예 티베트에 가 계신다고요?" 류의 놀란 목소
리에 멀린 선배가 대답했다.

"정확히 말하면 얼마 동안은 상하이에 올 일이 없다는 게

맞겠지. 이젠 그쪽에서 대부분 원격으로 이곳 일을 해결할 수 있을 것 같아."

류는 섭섭했다. 오랜만에 만나서 자신에게 많은 가르침을 준 선배와 이제서야 편안하게 얘기를 나눌 수 있는 여건이 되었는데. 결국 또 한동안은 못 보겠구나 생각하니 가슴이 먹먹해졌다. 아쉬움을 잠시 미루고 류는 멀린 선배에게 서울 본사 미팅 이야기를 들려주었다.

"아무튼 선배, 그간의 도움 정말 고맙습니다. 선배를 그때 만난 건 정말 행운이었어요. 역시 하늘에서 보는 무지개가 행운을 가져온다는 말이 맞나 보네요."

선배는 환하게 웃었다. 그러고는 나직한 목소리로 말했다.

"류야, 우리 좀 걷지 않을래?"

> > >

멀린 선배와 류는 커피를 손에 들고 인민광장을 거닐고 있었다. 과거와 현재와 미래가 공존한다는 도시 상하이의 한복판에 위치한 인민광장. 평일이라 그런지 한산하다. 하지만 류의 마음은 멀린 선배가 무슨 이야기를 꺼내려고 바깥으로 나오자고 한 것인지 궁금함으로 분주하다.

"너, 예전에 나한테 왜 너희 동기 중에서 유독 너를 챙겨주느냐고 물은 적이 있지?"

느릿한 걸음을 걸으며 선배가 말했다.

"네. 기억하고 있죠. 선배가 아무 말없이 웃기만 해서 조금 무안했었는데."

"지금이라도 그 이유를 말해줄까?"

말문을 연 멀린 선배의 이야기는 이러했다. 당시 선배의 주변 사람들 가운데, 학교 과제든 사람들 고민이든 척척 해결하는 선배에게 어떤 특별한 방법이라도 있는 거냐고 물어보았던 사람이 딱 한 명 있었단다. 그게 바로 류였다는 것.

"컨설턴트들이 쓰는 용어로 말하자면, 그때 넌 문제 해결(Problem Solving)의 방법론을 물어본 거야. 사실 거의 모든 사람들은 나에게 해답만을 원했어, 일부 친구들은 내가 알고 있는 지식 자체에 관심을 보였고. 그렇지만 '방법론'에 관심을 보인 사람은 너밖에 없었지."

이 선배, 무슨 얘기를 하려는 걸까.

"그땐 나도 어렸기 때문에 내 정보의 소스를 사람들이 물어보면 어디서 읽었다, 누구에게서 들었다, 어떻게 공부했다 등등 자랑삼아 얘기해주곤 했지."

"맞아요. 나도 그런 선배의 모습을 보면서 그 자신감이 참 거침없어 보여 부러웠거든요."

"자기만의 노하우를 잘도 떠든다고 생각했겠지? 그게 사실은 변형된 오만이었는지도 몰라. 사실 '그래 봐야 난 너희들보다 항상 앞서 가고 있다'는 마음이 언제나 있었으니까……. 그런데, 네 질문에는 선뜻 답을 할 수 없더라고."

'그게 선배만의 진짜 노하우였기 때문인가요?'라는 말이 류의 목구멍까지 올라왔지만 얼른 삼켰다. 하지만 자신을 바라보는 멀린 선배의 눈은 빛나고 있었다.

"나, 지금 네가 무슨 생각하는지 알 것 같다."

류는 고개를 숙이며 말했다.

"선배는 여전히 제 마음속에 들어앉아 있군요."

투덜거리는 듯한 류의 대답에 멀린 선배는 사람 좋은 미소를 지었다.

"하하, 네 속마음은 표정에서 금방 알 수 있어서 그렇지. 근데, 그게 나만의 노하우였기 때문에 말하지 않은 게 아니었어. 사실 나도 잘 몰랐기 때문에 대답을 못한 거야."

"네?" 반문하는 류의 목소리가 자기도 모르게 커졌다. 그럼 그때 선배가 지은 미소의 의미는 무엇이었단 말인가.

"난 한 번도 내가 일을 처리하는 방식의 '방법론'에 대해 고민해본 일이 없었어. 그냥 누가 물어보면 자연스럽게 떠오르는 대로, 아는 대로 대답한 거고, 교수님이 과제를 내주면 교과서를 좀 뒤적거리면서 연구했을 뿐이야. 요컨대 언젠가 유행했던 CF에 나오는 말처럼 '공부? 그냥 열심히 하는 거지 뭐' 였어."

"지금 선배, 선배가 천재라고 자랑하는 거죠?" 류가 웃으며 농담을 건넸다. 그러나 멀린 선배는 웃지 않았다.

"그건 아니고. 그냥 그 자리에서 웃으면서 얼버무렸지만, 그날부터 네 질문이 나한테는 숙제가 된 거야. 당장 그게 뭔지 설명하기 힘들어도 정말 나만의 방법론이 따로 있었던 건지, 아니면 내가 그냥 그때그때 운 좋게 척척 풀어낸 건지, 난 꼭 알아내고 싶었어."

"……."

"학교를 졸업한 뒤에도 한동안은 계속 그 방법론이 무엇인지 고민했어. 그런데 그게 단번에 찾을 수 있는 것이 아니라 조금씩 조금씩 내가 다듬고 완성해가는 것이더라고. 지금은 그게 뭔지 내 머릿속에 또렷이 자리가 잡혀 있지. 요새 하는 일이란 게 그걸 전파하고 있는 셈이랄까?"

그럼 멀린 선배는 내게도 그 방법론을 전파해준 것이었나.

"우리가 학교 다닐 때 존경했던 경영학과 교수님 기억나지? 그분이 수업 첫날 하셨던 말씀이 있는데, 그게 '삶의 기반은 주고받음'이라는 얘기였어."

류도 기억났다. 경영은 '사고 파는 장사'의 테크닉이라고 알고 있던 류에게 기업 경영의 세계에서도 '주고받음'이 그 출발점이라는 교수님의 얘기가 무척이나 반가웠던 기억으로 남아 있었다.

"내가 자선사업 비슷한 것을 하기로 마음먹게 된 것도 따지고 보면 내가 세상으로부터 받은 만큼 세상에 주고 싶어서야. 물론 나에게 준 사람에게 되돌려주기보단 다른 더 많은 사람들에게 주어야 전파의 효과가 극대화되겠지."

저렇게 잘난 사람이, 아직도 순수한 마음을 잃지 않았다는 게 더 신기했다. 류는 새삼 감탄하는 심정으로 멀린 선배를 바라보았다.

"그런데 그 가운데는 내게 무언가를 준 사람에게 나 또한 되돌려주고 싶은 경우가 있어. 거창하게 보은(報恩)이라 할 수도 있겠고, 그 정도까지는 아니어도 그냥 꼭 보답하고 싶은 마음이 드는 거지."

멀린 선배는 커피를 한 모금 마신 뒤에 말을 이었다.

"이제야 말인데, 난 그때 네가 던진 질문이 지금의 내가 있게 된 시작이었다고 생각해. 지난 두 달간의 내 조언은 지금의 나를 이루는 데 단초가 된 너에 대한 조그마한 보답이었을 뿐이고."

"그게 무슨 보답받을 만큼 대단한 것도 아니었는데……. 결국엔 선배 스스로 풀어낸 거잖아요."

약간 당황스러움이 묻어나는 류의 말에 멀린 선배는 고개를 저었다.

"류야, 내가 지금 빈말을 하고 있는 게 아니야. 그때 네 질문이 없었다면 나는 자기 잘난 맛에 사로잡혀 지내다가 곧 밑천이 드러나고 좌절했을 거야."

멀린 선배는 걸음을 멈추고 류를 바라보았다.

"그래, 네가 내 말을 인정하지 않을 수도 있지. 하지만 인정을 하든 안하든, 내가 알려준 방법론을 통해 네가 도움을 받았다면 너도 이제 그 내용을 더 많은 사람들에게 알려주면 좋겠어. 너처럼 직장 생활을 오래 한 사람도 잘 몰랐던 건데, 다른 사람들은 더하지 않겠어?"

"에이, 선배. 저는 현자 멀린이 아니에요. 그런 건 선배 같은 사람이 해야죠."

"그렇지 않아. 꼭 컨설턴트나 잘나가는 벤처 사장이나 나처럼 소셜벤처캐피탈리스트 명찰을 달아야만 그런 얘기를 할 수 있는 건 아니야. 당장 너만 해도 이젠 내가 얘기했던 '체계화−통찰−전달'의 과정에 대해 잘 알고 있고, 실천에도 옮겨봤고, 효과도 느끼고 있잖니? 그럼 너도 할 수 있는 거야."

류는 고개를 숙였다.

"너도 많이 전파하려무나. 그럼 아마도 네 동료들이, 그리고 너희 회사가 많은 도움을 얻게 될 거야."

'선배, 굳이 제가 열심히 전파하지 않아도 될 것 같아요. 이건 감염성이 아주 좋은 바이러스 같으니까. 하지만 난 계속 숙

주(宿主) 노릇을 할 겁니다. 그게 어떤 의미에선 선배에 대한 보답이 될 테니까요……'

고개를 들어 멀린 선배의 미소 띤 얼굴을 바라보는 류의 눈앞이 갑자기 흐려졌다.

"야, 넌 나 이곳에서 처음 본 때도 그러더니 헤어질 때도 우는 거야? 나이 먹더니 왜 이렇게 눈물이 많아졌어?"

멀린 선배의 호방한 웃음소리가 인민광장 하늘을 붉게 물들인 저녁노을 사이로 퍼져갔다.

>>>>>

외 전

"…… 그래서 가 상무 말은, 어쨌든 자네도 중국 현황에 대해서 보고를 해야겠다는 거지?"

"네, 사장님."

사장은 손을 턱에 괴고 깊은 한숨을 내쉬었다.

"좋아, 그럼 류 팀장 보고 일자에 맞춰서 발표할 수 있게 진행해봐."

사장의 허락이 떨어지자 가일은 회심의 미소를 지었다.

지난 몇 주 동안 가일은 마치 신발 속의 돌쩌귀가 발바닥을 찌르는 듯한 성가신 마음에 시달렸다. 이번에야말로 사장을 구워삶아서 류를 확실히 '보내버리는' 데 성공했다고 생각했는데, 사장은 무슨 이유에서인지 류에게 보고 기회를 허락했기 때문이다.

평소 '꺼진 불도 다시 보자'가 사내 정치의 전장(戰場)에서 성공하기 위한 제1의 원칙이라고 믿고 있는 가일이었다. 그러기에 류가 행여 기사회생이라도 하게 되는 것은 도저히 용납할 수 없었다. 가일은 충복인 김 차장, 이 과장과 함께 은밀히 대책회의를 열었고, 회의를 통해 다음과 같은 입장을 정리했다.

1. 공식적으로 류의 작업을 방해할 명분은 없기에 보고회를 무산시키는 것은 아쉽지만 포기한다.
2. 다만 그 대안으로 류의 보고를 '헛소리'로 만들어버리는 방법을 적극 추진한다.

이를 위해 해외사업본부장인 자신도 중국사업 현황에 대한 별도 보고를 할 수 있도록 사장에게 허락받아 추진하는 것으로 결론을 내렸다.

"사장님께서는 당장은 아마 비슷한 보고의 중복이라고 생각하시겠지만, 어찌됐든 보고는 반드시 관철시킬 테니까 김 차장과 이 과장은 보고에 필요한 일들을 준비해주게."

그렇게해서 어렵사리 얻어낸 사장의 허락이다. 이제 칼을 갈기만 하면 된다.

> > >

"상무님, 그런데 보고를 하려면 기본적인 시장 현황이라든가 경쟁사 분석이 필요합니다만, 현재 저희 입장에서는 중국사업팀을 통하지 않고는 이런 자료를 얻기가 어렵지 않습니까?"

가일의 사장 독대 후 김 차장, 이 과장과 함께한 자리였다. 이 과장의 질문에 가일은 답답한 듯 혀를 찼다.

"이봐, 이 과장. 요령을 생각해보라고. 중국사업팀엔 류 팀장만 있나? 거기 알 대리인가 하는 친구랑 우리 팀 강 대리가 동기잖아. 그쪽 통해서 내 이름 팔고 얻어내면 될 거야."

"그게 쉬울까요?" 이번엔 김 차장이 물었다. 가일의 표정이 언짢아졌다.

"김 차장까지 왜 이래? 머리를 굴리라고, 머리를. 알 대리 그 친구가 동기 중에서 인기가 좋다는데, 그런 놈들은 대개 도움을 요청하면 어떻게든 도우려고 하기 마련이거든. 인기 관리를 하려고 드니까 말이지."

"아…… 그렇군요." 김 차장과 이 과장이 고개를 끄덕였다.

"항상 사람 심리를 읽어서 수를 둬야 해. 자네들, 그거 잘해야 회사생활 오래 할 수 있어. 두 사람 모두 이번 정기인사에 기대를 하고 있는 걸로 아는데, 그래서야 어떻게 승진하겠어?"

가일은 핀잔조로 씹어뱉듯 말한 뒤에 자신의 계획을 이야기했다.

"기본적인 시장자료나 분석 결과는 적당한 시점에 중국사업팀에서 직접 빼내면 되니까, 우리는 벤치마킹만 준비하면 돼. 김 차장이 이 과장 리드해서 과거 중국에 진출했다가 발 빼고 나온 국내 경쟁사들 사례 분석을 좀 해줘요."

"벤치마킹이면 될까요? 다른 것도 좀 봐야 하지 않겠습니까?" 이 과장이 물었다.

"이봐요, 장사 한두 번 하나? 임원 보고 여러 번 준비해봤으니까 잘 알잖아? 우리 임원들은 벤치마킹 분석을 아주 좋아하잖아. 그리고 원래 '남들이 어떻게 했는가' 하는 사례가 설득력이 제일 높은 법이야. 시험 합격수기들이 잘 팔리는 건 다 그래서라고."

"아, 네……." 이 과장이 뭔가 깨달은 듯 고개를 끄덕거렸다.

이때 분위기 파악을 했다는 듯 김 차장이 말했다.

"그러면 일단 국내 경쟁사 위주로 사례를 수집하고, 시간이 허락하면 해외 메이저 업체 중 유사 사례가 있는지도 검토해 보겠습니다."

가일이 흡족한 듯이 말했다.

"그래요, 역시 김 차장이야. 하나를 알면 열을 깨우친다니까."

〉 〉 〉

"상무님, 상하이에서 방금 도착한 따끈따끈한 자료입니다."

"어, 수고했어, 강 대리."

한 달여 뒤, 상하이로부터 그간의 작업 결과를 빼내는 데 성공한 가일은 자료 파일을 열어보면서 흡족한 표정을 짓고 있었다.

'허허, 우선순위화 결과에는 저가격 전략을 1순위로 해놓고 막상 시사점 분석 단계로 넘어갈 때는 뒤로 미뤄버리다니, 이런 바보 같은 사람을 봤나……. 중국시장에서는 가격이 제일 중요하다는 걸 중국에 있는 사람들이 몰라서야 말이 되나 말이야.'

류의 작업 내용에 경계할 만한 것이 없다고 판단한 가일은 한결 마음을 놓을 수 있었다. 일단 자료와 분석 결과가 수중에 떨어졌으니, 이제 이 내용을 그동안 준비한 벤치마킹과 연계해서 철수 권고안으로 정리만 하면 되겠군. 드디어 발 좀 쭉 뻗고 잘 수 있겠다.

가일은 앓던 이가 빠진 것 같은 시원함을 느꼈다.

하지만 그는 알지 못했다. 그 시원함이 얼마 후 뼈아픈 괴로움으로 돌변할 것임을. 가일이 생각한 방식은 류가 준비하고 있는 '체계화—통찰—전달'의 흐름에 비하면 완성도가 매우 낮았기에, 아이러니컬하게도 가일이 마음을 놓아버린 이때, 가일이 류를 제압하려던 '아름화장품판 스트리트 파이터'의 결말은 반쯤은 이미 결정되어 버렸던 것이다.

점핑

| 펴낸날 | 초판 1쇄 2007년 11월 16일 |
| | 초판 10쇄 2016년 12월 30일 |

지은이	장호준·정영훈
펴낸이	심만수
펴낸곳	(주)살림출판사
출판등록	1989년 11월 1일 제9-210호

주소	경기도 파주시 광인사길 30
전화	031-955-1350 팩스 031-624-1356
홈페이지	http://www.sallimbooks.com
이메일	book@sallimbooks.com

ISBN   978-89-522-0740-1   03320